湖北省教育厅哲学社会科学项目（编号20D098）资助

鄂东大别山区域旅游
特色资源开发与推广研究

Research on the Development and Promotion of Tourism Characteristic Resources of Dabie Mountain Area in Eastern Hubei Province

孙芳敏　胡栾　李享◎著

中国经济出版社
CHINA ECONOMIC PUBLISHING HOUSE
·北 京·

图书在版编目（CIP）数据

鄂东大别山区域旅游特色资源开发与推广研究 / 孙芳敏，胡栾，李享著．--北京：中国经济出版社，2022.7

ISBN 978-7-5136-7000-5

Ⅰ．①鄂… Ⅱ．①孙… ②胡… ③李 Ⅲ．①大别山-区域旅游-旅游资源开发-特色经营-研究-湖北 Ⅳ．①F592.763

中国版本图书馆 CIP 数据核字（2022）第 123730 号

策划编辑 赵静宜
责任编辑 贾轶杰
责任印制 马小宾

出版发行 中国经济出版社
印 刷 者 北京力信诚印刷有限公司
经 销 者 各地新华书店
开 本 710mm×1000mm 1/16
印 张 13.25
字 数 201 千字
版 次 2022 年 7 月第 1 版
印 次 2022 年 7 月第 1 次
定 价 88.00 元
广告经营许可证 京西工商广字第 8179 号

中国经济出版社 **网址** www.economyph.com **社址** 北京市东城区安定门外大街 58 号 **邮编** 100011
本版图书如存在印装质量问题，请与本社销售中心联系调换（联系电话：010-57512564）

序
Preface

大别山坐落于安徽、湖北、河南三省交界处，在我国可谓家喻户晓，其文化内涵相当丰富。据考证，大别山名称来源于我国第一篇区域地理文章《尚书·禹贡》。大别山地理位置独特，山脉连绵数百里，是长江和淮河的分水岭，山南麓的水流入长江，北麓的水流入淮河，因此大别山南部和北部的气候环境截然不同，植物差异也很大。相传汉武帝祭祀古南岳天柱山时经过大别山，当他登上了大别山主峰，观赏了南北两侧的景色后，不禁感叹道："山之南山花烂漫，山之北白雪皑皑，此山之大别于他山也!"此后便有"此山大别于他山"之说，"大别山"因此而得名。

鄂东大别山是指位于湖北省东部的大别山。鄂东大别山区域主要是指鄂东境内的大别山山脉及其在鄂东的延伸部分，从地域上讲包括整个黄冈市的11个县市区，即红安县、麻城市、罗田县、英山县、团风县、浠水县、蕲春县、黄梅县、黄州区、武穴市、龙感湖管理区，版图面积17446平方千米，总人口746万人。该区地处湖北省东部，大别山南麓，长江中游北岸，东邻安徽省的六安市、安庆市，南与江西省的九江市，湖北省的鄂州市、黄石市隔江相望，西连武汉、孝感，北接河南省的信阳市。

这是一片闪耀着历史文化光芒的神奇土地，具有丰富多彩的人文资源。"唯楚有才，鄂东为最"，鄂东大别山区域被誉为中国名人之乡。"大江东去，浪淘尽，千古风流人物。故垒西边，人道是三国周郎赤壁……"这是中国北宋大文豪苏东坡的《念奴娇·赤壁怀古》中的佳句，除此之外，他的《前赤壁赋》《后赤壁赋》以及《黄州寒食帖》都诞生于鄂东大别山区域的黄州（隶属于湖北省黄冈市）。黄梅县是中国佛教禅宗发祥地，四祖寺、五祖寺、妙乐寺等一批禅宗祖庭坐落于境内。四祖道信首建禅宗僧团、实行农禅并重；五祖弘忍创东山法门，择能选嗣成为佛教禅宗的佳话；六祖慧能得法东山，开创了我国无寺不禅的局面，故有“蕲黄禅宗甲天下，佛家大事问黄梅”之说。北宋英山人毕昇发明的活字印刷术，成为中国古代四大发明之一。程颐、程颢出生于红安二程镇，创立了“程朱理学”。明代医药学家蕲春人李时珍著述的《本草纲目》，是中国古代医药学的宝库。吴承恩任职蕲州荆王府，古典名著《西游记》中的许多地名风俗皆源自蕲春。伟大的思想启蒙家李贽寓居黄安麻城，著书立说，使麻城成为中国思想界的高地。

这是一片如诗如画的山水田园圣地，有着得天独厚的自然资源。鄂东大别山区域处于华北板块和扬子板块的结合带，作为天然气候屏障，“一山分两水”，成为长江和淮河两大水系的分水岭。境内有1个国家级地质公园和5个国家级森林公园，全市森林覆盖率达43%，大别山国家森林公园森林覆盖率达96%，每立方厘米空气中负氧离子含量达18万个，是周边城市的30倍，被誉为“天然氧吧”。境内物种资源极为丰富，国家重点保护的野生动植物种类繁多，被誉为“华中生物基因库”。大别山脉峡谷纵横，是避暑纳凉的绝佳去处。“人间四月天，麻城看杜鹃”，龟峰山野生杜鹃花万顷成林，世间少有，为著名的国家AAAA级旅游景区；国家AAAA级绿色旅游景区还有天台山、吴家山、三角山和桃花冲等。罗田的天堂寨、薄刀锋，英山的桃花冲、吴家山，麻城的龟峰山、五脑山，红安的天台山，武穴的希尔寨生态农庄等优美的山水田园风光，能够让广大游客以各种“玩”的方式获得身心的调节与放松，达到愉悦身心的目的。

这是一片曾经承载着中国革命使命的红色土地，具有浓郁的革命老区情怀，哺育了一代又一代勤劳朴实的鄂东大别山人民。它有着光辉灿烂的革命传统，这里是中共早期建党活动的重要驻地和鄂豫皖革命根据地的中心，组建了红十五军、红四方面军、红二十五军、红二十八军等革命武装力量，发生了“黄麻起义”、新四军中原突围、刘邓大军千里跃进大别山等重大革命事件。为缔造中华人民共和国，先后有44万鄂东大别山儿女英勇捐躯，其中5.3万人被新中国追认为革命烈士。这里诞生了董必武、陈潭秋、包惠僧三名中共一大代表，董必武、李先念两位国家领导人，王树声、韩先楚、陈再道、陈锡联、秦基伟等200多名开国将帅，铸就了“紧跟党走、不屈不挠、艰苦奋斗、无私奉献”的鄂东大别山革命老区精神。

这还是一个天然农产品的购物天堂，具有鄂东大别山独特风味的优势特色农产品让人流连忘返。物华天宝，鄂东大别山区域是全国闻名的“板栗之乡”“茶叶之乡”“药材之乡”“甜柿之乡”。北部山区盛产茶叶、桔梗、板栗、甜柿、山药、花生，黑山羊、黄牛等；南部沿江及湖区地带盛产优质大米、莲藕、萝卜、山药、大蒜、青虾等。其中，有自古以来就为朝廷贡品的“蕲门”“黄团”、英山茶叶及茧丝绸；有被称为“蕲春四宝”的蕲蛇、蕲龟、蕲竹、蕲艾；有享誉全国的水葡萄籼米、浠水芝麻湖藕、黄州萝卜、巴河莲藕；有曾在巴拿马国际博览会获金奖的黄梅挑花、浠水安息香、黄冈名晒烟、武穴章水泉竹器、罗田茯苓、英山桔梗和余正泰粉丝，等等。目前在全国较有影响的农产品还有麻城的福田白菊和老米酒、罗田的板栗及甜柿、红安的花生、英山的茶叶、黄州的萝卜、蕲春的珍稻、黄梅的青虾、武穴的佛手山药等近100多种，其中国家级地理标志产品有56种。

党的十九大报告明确指出，“农业、农村、农民问题是关系国计民生的根本性问题，必须始终把解决好‘三农’问题作为全党工作重中之重。要坚持农业农村优先发展，按照产业兴旺、生态宜居、乡风文明、治理有效、生活富裕的总要求，建立健全城乡融合发展体制机制和政策体系，加快推进农业农村现代化”。同时又强调，“构建现代农业产业体系、生产体系、经营体系”“促进农村一、二、三产业融合发展”。2018年1月出台的《中共中央　国务院关于实施乡村振兴战略的意见》指出，要“传承发展提升农村优秀传统文化……在保护传承的基础上，创造性转化、创新性发展，不断赋予时代内涵、丰富表现形式。切实保护好优秀农耕文化遗产，推动优秀农耕文化遗产合理适度利用。深入挖掘农耕文化蕴含的优秀思想观念、人文精神、道德规范，充分发挥其在凝聚人心、教化群众、淳化民风中的重要作用”。鄂东大别山区域旅游景点众多，旅游资源丰富，鄂东大别山乡村振兴发展的旅游文化具有巨大的发展空间，是实施鄂东大别山乡村振兴战略、实现乡村高质量发展的重要举措。

本书以党的十九大精神及十九大以来中共中央、国务院关于农村经济社会发展的重要指示精神为指导，从经济与文化的视角，运用产业经济学、生态经济学、区域经济学等基本理论知识，对鄂东大别山区域旅游资源进行了深入的挖掘，同时对鄂东大别山区域旅游业的发展及对外宣传等进行了系统研究。这些研究对于落实中共中央、国务院关于乡村振兴战略的重要指示精神，实现乡村高质量发展具有重要理论意义及实践价值，同时对于提升鄂东大别山区域旅游景点的国际化交流水平具有重要作用。本书资料翔实、深入浅出、理论联系实际，可供鄂东各县市区旅游管理人员、导游、国内外旅游爱好者、研究工作者借鉴参考，也可供鄂东大别山区域各级地方政府有关部门的领导干部，特别是县乡级领导干部、涉农企业的主管、农民企业家、农户等人员参阅。

鲍宏礼

2022 年 1 月于黄州

目录
Content

第一章
研究综述

本书的研究主要以习近平新时代中国特色社会主义思想，特别是习近平总书记关于经济工作的重要讲话精神为指引，结合鄂东大别山区域旅游产业发展实际，研究鄂东大别山区域所在的11个县市区的旅游文化及旅游资源开发与对外宣传等方面的问题，目的是促进鄂东大别山区域旅游产业高质量发展，提高对外开放水平，服务鄂东大别山革命老区经济社会发展。

第一节　研究背景及意义

一、研究背景

党的十九大报告指出："中国特色社会主义进入新时代，我国社会主要矛盾已经转化为人民日益增长的美好生活需要和不平衡不充分的发展之间的矛盾。"旅游作为一种社会经济现象、一种生活态度，越来越成为人民日益增长的美好生活需要的重要组成部分。旅游是人们的物质生活发展起来之后的一种文化生活需求，也是一种社会文明进步的表现。随着我国国民经济的持续发展和人们生活水平的不断提高，人民对美好生活的需求日益广泛，不仅对物质文化生活提出了更高的要求，而且在精神文化、环境等方面的需求也日益增长，对旅游消费的需求也越来越强烈。开发高质量的乡村旅游文化产品既是满足人们美好生活的需要，也是实现乡村高质量发展的重要途径之一。

2017 年，中国共产党第十九次全国代表大会首次提出，中国经济已由高速增长阶段转向高质量发展阶段。2017 年 12 月 18 日，习近平总书记在中央经济工作会议上的讲话中又强调指出："中国特色社会主义进入了新时代，我国经济发展也进入了新时代。新时代我国经济发展的特征，就是我在党的十九大报告中强调的，我国经济已由高速增长阶段转向高质量发展阶段。这是一个重大判断，我们必须深刻认识其重大现实意义和深远历史意义。"2018 年 3 月，《国务院办公厅关于促进全域旅游发展的指导意见》（以下简称《意见》）明确指出："旅游是发展经济、增加就业和满足人民日益增长的美好生活需要的有效手段，旅游业是提高人民生活水平的重要产业。近年来，我国旅游经济快速增长，产业格局日趋完善，市场规模品质同步提升，旅游业已成为国民经济的战略性支柱产业。但是，随着大众旅游时代到来，我国旅游有效供给不足、市场秩序不规范、体制机制不完善等问题日益凸显。发展全域旅游，将一定区域作为完整旅游目的地，以旅游业为优势产业，统一规划布局、优化公共服务、推进产业融合、加强综合管理、实施系统营销，有利于不断提升旅游业现代化、集约化、品质化、国际化水平，更好满足旅游消费需求。"国务院之所以要讨论制定《意见》，目的就是指导各地规范旅游市场，以旅游业为优势产业，促进全域旅游发展，提高我国旅游产品的质量及国际化水平。

"十二五"以来，鄂东大别山区域认真贯彻党的十八大和习近平总书记系列重要讲话精神，在省委、省政府的坚强领导下，围绕"建成支点，走在前列"和"五个湖北"建设的奋斗目标，高举"四个大别山"伟大旗帜，突出强工兴城、强农兴文的"双强双兴"发展重点，经济社会发展取得突出成就，为"十三五"各项事业发展奠定了良好基础，鄂东大别山区域旅游事业发展迎来了大好时机。

第一，综合实力显著提升。2015 年，鄂东大别山区域 GDP 达到 1589.24 亿元，是 2010 年的 1.84 倍，年均增长 10.7%；[①] 传统产业加快转型，新兴产业尤其是旅游业、服务业、现代农业快速发展，农产品加工

---

① 《黄冈市国民经济和社会发展第十三个五年规划纲要》，2016 年 7 月 29 日发布。

产值与农业总产值之比达到 1.31：1；文化旅游、电子商务等现代服务业成为新的经济增长点，旅游综合收入和接待游客人次连续保持 20%以上高速增长，为鄂东大别山区域旅游发展打下了较好的经济基础。

第二，发展基础根本改善。2007 年以来，鄂东大别山区域抢抓武汉城市圈“两型”社会建设、长江经济带发展、大别山试验区建设和大别山革命老区振兴发展等系列机遇，着力推进基础设施、社会事业和重大产业发展，全市发展基础进一步夯实。大别山红色旅游公路、黄冈长江大桥、武冈城际铁路、黄鄂高速、黄冈大道、麻阳高速，建成通车，麻竹高速即将通车，全市公路总里程达到 2.8 万千米，公路密度全省第一；高速公路通车里程突破 500 千米，在全省率先实现县县通高速。水库除险加固、流域综合治理、水土流失治理、生态环境保护等项目相继完工，基础设施建设快速发展。

第三，城乡面貌大为改观。湖北省黄冈市建成了全国有影响力的遗爱湖主题公园，黄冈白潭湖片区框架基本形成。大别山区域一体化进程加快，大别山革命老区经济社会发展试验区实现“五年大变样”。县域经济竞相发展，特色亮点纷呈，创造了“红安传奇”“浠水速度”。各县市区全面实施“双十”扩容提质工程，武穴城乡一体化、24 个全国重点镇、21 个文化小镇、109 个美丽乡村试点进展顺利，18 个村列入“中国传统村落”，黄梅小池、浠水散花、蕲春蕲州、武穴田镇等临江“四城”建设成效显著。以黄冈市区为龙头、各县市主城区为中心、特色小城镇为重点、美丽乡村和农村新型社区为支点的城乡一体化发展格局逐步形成。

第四，生态建设成效显著。武汉城市圈“两型”社会综改试验区建设、全国资源综合利用“双百示范”基地建设顺利推进。鄂东大别山区域全面开展了生态市创建工作，成功创建 2 个国家级生态乡镇、12 个省级生态乡镇、107 个省级生态村、32 个市级生态乡镇、310 个市级生态村、812 个绿色示范乡村。新农村建设扎实推进，“黄冈长江生态文明示范带”建设成效显著，374 个农村环境连片整治示范工程全部完成。全面禁烧秸秆，新建一批污水处理厂、垃圾处理厂。建成 2 个国家级自然保护区、8 个国家级湿地公园、14 个省级湿地公园，湿地公园数量居全省第一。启动“绿满黄冈”行动，森林覆盖率达到 41.36%。水土保持不断加强，空气质量全省排名位居前列。

“十三五”时期是鄂东大别山区域加快振兴发展、实现大别山革命老区经济社会发展试验区“十年跨越发展”的关键期，是全面建成小康社会的决胜期，是鄂东大别山区域贯彻落实《意见》，全面提升鄂东大别山区域旅游影响力的关键时期。因此，“十三五”时期，鄂东大别山区域旅游事业发展面临重大战略机遇期。

第一是大别山革命老区振兴发展为国家战略带来新机遇。2015 年国务院批复的《大别山革命老区振兴发展规划》（以下简称《规划》）中，处于鄂东大别山区域的黄冈人口占 17%，面积占 16%，块头最大；湖北进入规划的 5 个市中，黄冈全境覆盖。《规划》明确了黄冈四大战略定位、六大农业产业基地、七项战略任务等系列支持措施。

第二是中部崛起战略深入实施和长江经济带发展带来新机遇。鄂东大别山区域位于吴头楚尾，境内长江岸线 212. 9 千米，是湖北境内长江流域面积最大的地区，是长江综合立体交通走廊、开放合作走廊、生态廊道的重要支点；地处鄂东大别山区域的黄冈市位于鄂、赣、皖三省交会的枢纽地带，是湖北在长江中游城市群中面积第一、人口第二的城市，是中部地区的重要节点城市。长江经济带发展战略和“中部崛起”新十年规划的实施，有助于黄冈发挥区位优势，加快黄冈作为临港经济区和“临江四城”之一崛起的速度，带动全市经济社会发展，建成特色鲜明的中部强市和长江流域明星城市；也有助于带动鄂东大别山区域围绕“临江四城”提升旅游产品品牌，打造旅游产品特色，统筹各地旅游业协调发展，规范各地旅游市场，促进鄂东大别山区域全域旅游有效发展。

第三是“一元多层次”战略深入推进和新型城镇化带来新机遇。湖北省“一元多层次”战略，对鄂东大别山区域提出了建设“四个大别山”的奋斗目标和跨江联动的要求；《湖北省新型城镇化规划（2014—2020 年）》提出鄂东三市“同城化”发展，有利于鄂东大别山区域深化城乡统筹、区域统筹，推进新型城镇化建设。随着“一元多层次”战略和新型城镇化的深入推进，“一带一路”倡议、“中国制造 2025”和“互联网+”行动计划的深入实施，鄂东大别山区域产业支撑能力进一步增强，将进入工业化和新型城镇化发展的快车道。“一元多层次”战略深入推进和新型城镇化建设不仅有助于解决区域发展问题，也为解决旅游产业自身发展问题、提升旅游产业竞争力提供了战略机遇。

当然，“十三五”期间，鄂东大别山区域经济社会发展也面临长期积累的结构性矛盾和深层次问题，也将受到国际国内经济形势不利因素影响和资源环境的制约。从宏观发展环境看，鄂东大别山区域经济下行压力加大，国内市场竞争压力进一步加剧，资源供求矛盾和环境约束进一步加剧，劳动就业与社会保障压力进一步加剧，使黄冈面临加快转型的严峻挑战。转变经济发展方式，优化调整产业结构，推动产业迈向中高端将是鄂东大别山区域发展的难点和重点，因此，必须加快现有企业技术改造和管理创新，加速电子商务、商贸物流、文化旅游等现代服务业的发展。

从生态建设角度看，鄂东大别山区域是长江、淮河两大水系的分水岭和南北气候的交会区，也是中部地区重要的生态屏障。作为大别山三大核心区之一，鄂东大别山区域承担着建设国家重要生态屏障的重任，生态建设的任务十分艰巨。鄂东大别山区域大多属于农村区域，农村生态旅游资源开发在整个旅游产品开发中占有相当的比重。因此，如何将农村生态旅游与建设国家重要生态屏障有机结合起来，是一个值得我们研究的重要课题。

因此，“十三五”期间，鄂东大别山区域提出了“一区两带”发展战略，其重点之一就是建设黄冈长江经济带和鄂东大别山生态经济带，实现高质量发展。

基于乡村振兴发展的鄂东大别山生态经济带建设，就是坚持政府主导与市场主体相结合、规划引领与规范建设相结合、开发利用与生态保护相结合，积极发展生态文化旅游业、生态农业，打造全国重要的旅游目的地和绿色农产品生态基地。唱响“李时珍”品牌，打造国内外知名的中药材种植基地、加工基地、物流基地和交易市场，建成国际性的养生养老基地。支持红安突破性发展壮大“武汉北”，争做跨越发展“代表作”；支持麻城打造创新试验先导区，建成鄂豫皖边界地区中等城市和鄂东北区域性中心城市。支持罗田建成生态经济示范县、绿色发展先行区；支持英山发挥名山、名泉、名产、名人资源优势，建设特色产业主阵地；支持浠水、蕲春、武穴、黄梅大别山南麓地区，以大别山旅游公路“一线穿珠”，共同做大做响“大别山”旅游品牌。注重发展新型农产品加工业、生活性服务业等劳动密集型产业，促进本地人口城镇化和外出人口回流，全面建成小康社会步伐。

“十三五”期间，鄂东大别山制定了实现旅游经济强市的战略目标，围绕这一目标，大力发展红色旅游、生态旅游、文化旅游、乡村旅游，不断加强旅游基础设施建设，大力实施全省“东禅西道”旅游开发战略，建设以黄梅为核心的黄冈禅文化旅游区，推动旅游开发向集约节约和环境友好转型，旅游产品向观光、休闲、度假并重转变，旅游服务向优质高效提升。按照预期，到“十三五”期末，鄂东大别山区域年接待游客量将达到3000万人次以上，年旅游产业综合收入将突破200亿元，旅游与文化、信息化、新型城镇化、农业现代化融合发展的模式将基本形成，旅游业将成为全市经济战略支柱产业。到2020年，将创建AAAAA景区2~4个、AAAA景区20个、AAA景区30个。

抓住大别山振兴发展国家战略，利用鄂东大别山区域生态经济带建设的契机，通过鄂东大别山区域旅游对外宣传推介鄂东大别山区域的旅游景点文化，以建设具有一定国际化水平的旅游休闲中心，推进大别山乡村高质量发展，提升鄂东大别山区域的国际化水平，是鄂东大别山区域各级政府的工作目标之一。

总之，旅游是人们的物质生活发展起来之后的一种文化生活需求。随着经济的发展，特别是经济全球化的进一步深入，各国旅游景点的国际化水平越来越高，涉外旅游的内涵进一步丰富，鄂东大别山区域旅游资源丰富，研究鄂东大别山区域旅游发展是旅游爱好者、旅游文化研究者、经济学者的重要职责。

二、研究意义

鄂东大别山区域所属各地除了绿水青山、松海云峰、怪石奇川、鸟语花香、枫叶银杏等之外，其历史文化更是源远流长。鄂东大别山有2000多年的建制历史，孕育了中国佛教禅宗四祖道信、五祖弘忍、六祖慧能，宋代活字印刷术发明人毕昇，明代医圣李时珍，现代地质科学巨人李四光，爱国诗人、学者闻一多，国学大师黄侃，哲学家熊十力，现代文艺理论家、诗人胡风等一大批科学文化巨匠，还有李先念、董必武等革命先辈。鄂东大别山区域的旅游资源是一个巨大的文化宝藏，其旅游与对外宣传研究既是落实中共中央、国务院关于乡村振兴发展战略，实现鄂东大别山区域旅游业高质量发展的重要途径，也是提升鄂东大别山区域旅游文化国际化水平的重要途径。通过对外宣传，可以让世界听到来自中国鄂东大别山的声音。

第一，研究鄂东大别山区域旅游文化、提高旅游文化的外宣水平是落实鄂东大别山区域乡村振兴发展战略的重要内容。2018 年 1 月 2 日出台的《中共中央　国务院关于实施乡村振兴战略的意见》明确提出，“实施乡村振兴战略，是党的十九大作出的重大决策部署，是决胜全面建成小康社会、全面建设社会主义现代化国家的重大历史任务，是新时代‘三农’工作的总抓手”。[①] 通过鄂东大别山旅游与外宣研究，可以更好地推介鄂东大别山区域的旅游景点，有利于统筹协调旅游资源开发，合力打造鄂东大别山区域核心旅游产品，把旅游业培育成为支柱产业，建成全国著名、有一定国际知名度的旅游目的地。

挖掘区域旅游产品，发展区域旅游产业，对于振兴发展鄂东大别山区域乡村经济意义重大。特别是围绕鄂东大别山区域的生态旅游点建设，可以成为区域乡村振兴的基点。如麻城的龟峰山景点、英山的吴家山景点、浠水的三角山景点、蕲春的云丹山景点、红安的天台山景点、团风的大奇山景点、罗田的大别山景点等，都是丰富的旅游资源，对于乡村发展具有极为重要的意义。

第二，研究鄂东大别山区域旅游文化、提高旅游文化的外宣水平是关注民生、提高人们生活质量的重要表现。旅游是一种休闲方式，也是一种生活方式，它反映了一个时代物质生活状况、社会安定状况、社会文明状况以及社会生活水平等多方面的特征。国务院发布的《国务院关于加快发展旅游业的意见》指出，要“坚持改革开放，破除体制机制性障碍，充分发挥市场配置资源的基础性作用，走内涵式发展道路，实现速度、结构、质量、效益相统一；坚持以人为本，安全第一，寓管理于服务之中，不断

---

① 《中共中央　国务院关于实施乡村振兴战略的意见》，新华社北京 2018 年 2 月 4 日电。

满足人民群众日益增长的旅游消费需求”“把提升文化内涵贯穿到吃、住、行、游、购、娱各环节和旅游业发展全过程。旅游开发建设要加强自然文化遗产保护，深挖文化内涵，普及科学知识”。①

如今的旅游休闲，不再是少数人的生活方式，也不再是一个学术研究问题，而是一个事关人民群众生活质量的问题，是一个国计民生的问题。旅游产业的发展、旅游文化研究与外宣水平的提高、旅游景点的不断丰富是满足人民对美好生活需要、实现小康生活的重要指标之一。因此，从某种意义上说，人们享有丰富的旅游文化资源，是我国小康社会建设的重要指标，也是人们生活质量提升的重要指标。

第三，研究鄂东大别山区域旅游文化、提高旅游文化的外宣水平是打造鄂东大别山区域国际旅游产品、提升国际化水平的重要途径。目前，发展区域旅游产业、提升旅游文化的国际化水平已经成为共识，并且受到了国务院的高度重视。2018 年 3 月出台的《国务院办公厅关于促进全域旅游发展的指导意见》提出，要不断提升旅游业现代化、集约化、品质化的国际化水平，要“科学利用传统村落、文物遗迹及博物馆、纪念馆、美术馆、艺术馆、世界文化遗产、非物质文化遗产展示馆等文化场所开展文化、文物旅游，推动剧场、演艺、游乐、动漫等产业与旅游业融合开展文化体验旅游”。②

鄂东大别山区域的旅游景点具有巨大的开发潜力，为进入国际市场创造了得天独厚的条件。中国地大物博、历史悠久，旅游文化资源享誉全球。从我国改革开放的实践来看，旅游业是我国最早开放的行业之一，在国际化方面居于领先的地位。鄂东大别山区域的旅游景点作为中国旅游资源的重要组成部分，只要加以科学的研究、开发，进行有效的外宣推介，打造鄂东大别山区域国际化旅游产品是完全有可能的。

第四，研究鄂东大别山区域旅游文化、提高旅游文化的外宣水平是弘扬鄂东大别山优秀传统文化、增强民族自豪感的重要手段。中国是一个具有悠久灿烂文化的文明古国，几千年的历史积淀孕育了伟大的中华文明，

---

① 《国务院关于加快发展旅游业的意见》（国发〔2009〕41 号）。

② 《国务院办公厅关于促进全域旅游发展的指导意见》（国办发〔2018〕15 号）。

在世界上产生了深远的影响。宣传中华优秀的旅游文化，既可以让世界进一步了解中国，又可以充实国家的文化软实力，增强文化自豪感。

鄂东大别山区域拥有众多的自然景观和人文景观，闪耀着光辉灿烂的红色文化和源远流长的历史文化，其红色文化和生态旅游资源丰富，历史古迹和文化名城众多，有极具影响的博物馆、纪念馆、名人故居、文化遗址、乡俗民风、宗教文化、名山大川，东坡赤壁、黄梅四祖寺、黄梅五祖寺、罗田天堂寨、英山吴家山、大别山革命老区文化等旅游文化精品更是享誉海内外。宣传鄂东大别山区域旅游文化，不仅可以让国内外广大的旅游爱好者进一步了解鄂东大别山区域的自然风光、厚重的历史文明和光辉灿烂的文化，更重要的是可以提升鄂东大别山区域旅游景点的国际地位，增强鄂东人民的自豪感。

第五，研究鄂东大别山区域旅游文化、提高旅游文化的外宣水平是发展鄂东大别山旅游经济的重要抓手。旅游是发展经济、增加就业和满足人民美好生活需要的有效手段，是提高人民生活水平、致富的重要产业。2017 年 3 月，李克强总理在政府工作报告中明确提出，要“大力发展乡村、休闲、全域旅游”。在 2018 年政府工作报告中，李克强总理又明确提出要“创建全域旅游示范区”。国务院明确规定，要“把旅游业作为经济社会发展的重要支撑，发挥旅游‘一业兴百业’的带动作用，促进传统产业提档升级，孵化一批新产业、新业态，不断提高旅游对经济和就业的综合贡献水平”①。

总之，通过对鄂东大别山区域旅游与对外宣传进行研究，转变发展思路，满足旅游产品及文化的有效供给，进一步规范旅游市场秩序，理顺旅游业管理体制机制，对于实现鄂东大别山旅游业高质量发展具有重要的理论意义及重大实践价值。

① 《国务院办公厅关于促进全域旅游发展的指导意见》（国办发〔2018〕15 号）。

第二节　相关概念研究

一、旅游文化

（一）旅游文化的内涵

“旅游文化”作为一个专业名词最早是由美国学者罗伯特·麦金托什和夏希肯特·格波特提出来的。他们在 1977 年合作出版的《旅游学——要素·实践·基本原理》一书中，用“旅游文化”作为书中一章的标题，该书给“旅游文化”下了一个定义：“旅游文化实际上概括了旅游的各个方面，人们可以借此来了解彼此之间的生活和想象”，它是“在吸引和接待游客与来访者的过程中，游客、旅游设施、东道国政府和接待团队的相互影响所产生的现象与关系的总和”①。

我国 1984 年出版的《中国大百科全书·人文地理卷》中最早出现了“旅游文化”一词。该书对旅游文化作了如下解释：“旅游与文化有着不可分割的关系，而旅游本身就是一种大规模的文化交流，从原始文化到现代文化都可以成为吸引游客的因素。游客不仅汲取游览地的文化，同时也把所在国的文化带到了游览地，使地区间的文化差别日益缩小。绘画、雕刻、摄影、工艺作品，是游人乐于观赏的项目。戏剧、舞蹈、音乐、电影又是安排旅游者夜晚生活的节目。诗词、散文、游记、神话、传说、故事，又可将旅游景物描绘得栩栩如生。”显然，这个解释没有直接告诉人们旅游文化的本质，而且其所理解的文化主要局限于文学艺术领域，因而还不是广义上的文化概念。《中国大百科全书·人文地理卷》指出：“所谓旅游文化，指的是某个民族或某个国家在世世代代的旅游实践过程中所体现出来的本民族或本国家的文化。它包括只有这个民族、这个国家独有的

① ［美］罗伯特·麦金托什、夏希肯特·格波特：《旅游学——要素·实践·基本原理》，蒲红译，上海文化出版社 1985 年版。

哲学观念、审美习惯、风俗人情等文化形态。或者说，旅游文化，就是一个民族的共同文化传统在旅游过程中的特殊表现。”①

自 20 世纪 80 年代后期以来，我国学术界加强了对旅游文化的研究。由于看问题的视角不同、归纳的方法不一、理解的宽窄度不等，对旅游文化定义的表述可谓见仁见智。就目前来看，关于“旅游文化”的界定，归纳起来有以下几类观点：

其一是旅游主体说。旅游主体说认为，旅游文化是人类在通过旅游活动改造自然和化育自身的过程中所形成的价值观念、行为模式、物质成果和社会关系的总和。这是一种偏重于旅游主体的界定，它强调的主要是主体（subject），即旅游者的主观感受、价值认同及行为关系，强调主体即游客决定了客体即旅游文化之所以存在的意义。

其二是旅游客体说。旅游客体说认为，能够为旅游者在旅游活动中提供欣赏和享乐的一切物质财富和精神财富的文化表现即为旅游文化。客体是相对于主体而言的。处于客体的事物，当作用于某一具体事物或者具体到某一事物的时候，就会衍化为主体的形态。这是一种偏重于旅游客体的定义，它强调的主要是客体（object）可感知或可想象到的旅游产品及旅游氛围等。它既包括客观存在并可以主观感知的事物，如山水田园、寺庙、岩画等，也包括思维开拓的事物，如象征、意境、内涵等。

以上关于旅游文化的主体说与客体说都是从旅游的基本要素出发界定旅游文化的。客体说是产生旅游文化的基础，但仅有这个基础还不能揭示旅游文化的本质内容。与之相比，主体说明确指出旅游文化与旅游客体之间的包含关系，这是认识上的一大进步。

其三是主体客体相互碰撞说。这一观点认为，旅游文化是一种文明所形成的生活方式，是旅游者这一旅游主体借助旅游媒介等外部条件，通过对旅游客体的能动的活动，产生的各种旅游文化现象的总和。旅游文化是旅游主体、旅游客体和旅游介体相互作用所产生的物质和精神成果，旅游三要素中的任何一项都不能单独形成或构成旅游文化。它主要是从主观和客观角度来理解旅游文化的定义，它强调旅游文化是旅游者和旅游经营者

① 《中国大百科全书 · 人文地理卷》，中国大百科全书出版社 1984 年版。

在旅游消费或旅游经营服务过程中所反映、创造出来的观念形态及其外在表现的总和。这一理论抓住了旅游文化的自由开放这一特性，用旅游媒介在主体与客体间架起一道桥梁。首届中国旅游文化学术研讨会认为："旅游文化是旅游主体、旅游客体和旅游媒体相互作用所产生的物质和精神成果。"

其四是创造说。这一观点认为："旅游文化是人类在历史发展过程中所创造的具有观赏和游览价值的物质财富与精神财富的总和，是体现和作用于旅游全过程中的一种特殊形态的文化。"① 这样的定义显然包括了作为旅游三要素的主体、客体、介体文化及其相互作用产生的文明成果。它既强调了旅游文化的核心内容——旅游客体文化（人类在历史发展过程中所创造的具有观赏和游览价值的物质财富与精神财富的总和），又点明了文化创造的主体（人类），同时强调了旅游文化寓于一般文化之中，是伴随着旅游活动发生、发展过程的一种特殊形态的文化。

其五是"旅游+文化说"。其特点是将旅游与文化联系起来，重视文化在旅游过程中的作用，注重旅游过程中的文化涵养。1990 年 10 月召开的首届中国旅游文化学术研讨会提出："旅游文化是以一般文化的内在价值因素为依据，以旅游诸要素为依托，作用于旅游生活过程中的一种特殊文化形态，是人类在旅游过程中（一般包括旅游、住宿、饮食、游览、娱乐、购物等要素）精神文明和物质文明的总和。"这一解释比较强调"旅游+文化"的双重属性。

上面关于"旅游文化"的概念分析对于我们理解"旅游文化"的内涵有着十分重要的意义，它们从不同的角度揭示了"旅游文化"的内涵。

笔者认为，揭示"旅游文化"的内涵不能离开"文化"的内涵，也不能离开"旅游"活动的本质属性，但也不能通过将"旅游"与"文化"二者简单叠加的方式来解释其含义。"旅游文化"作为一种特定的文化形态，是相对于社会其他文化而言的人类全部旅游活动及其活动产品的体现，是人类有意识地作用于自然界、社会的一切旅游活动及其结果。这一概念强调"旅游文化"是人类社会创造或发现的可以娱悦主体心情或满足

① 龚鹏主编：《旅游文化》，北京理工大学出版社 2016 年版，第 12 页。

主体价值需求的旅游事物或现象。

(二)旅游文化的特征

“旅游文化”作为一种特定的文化形态，它同“文化”一样，也有广义和狭义之分。广义的“旅游文化”是人类所创造的具有旅游价值属性的物质财富和精神财富的总和。它是以一般文化的内在价值因素为依据，以旅游诸要素为依托，作用于旅游全过程的一种特殊文化形态。作为一种新的文化形态，“旅游文化”的理论基础是那些鲜明地反映着旅游经济和旅游活动特殊需要的研究学科，如旅游学、旅游经济学、旅游心理学、旅游教育学、旅游社会学、旅游文学、旅游美学、旅游营销学、旅游管理学、旅游资源学、旅游发展史、旅游服务艺术、导游艺术等。除理论基础之外，旅游文化还有更广泛的外延。它涉及文学、艺术、哲学、博物学、考古学、民俗学、宗教学、体育学、饮食学、建筑学、生态学、园艺学、色彩学、公共关系学等学科中与旅游相关的部分；它更体现在旅游浏览、旅游娱乐、旅游食宿、旅游服务、旅游购物、旅游环境，以及旅游专业队伍建设等具体的旅游诸形态中。总之，广义的“旅游文化”渗透在与旅游有关的吃、住、行、游、购、娱等物质和精神层面诸多要素及相关服务的各个方面。狭义的“旅游文化”则是从狭义的“文化”中延伸出来的“旅游文化”，它特指人类所创造的具有旅游价值属性的精神财富，包括文学、艺术、历史、哲学、宗教、科学、道德等精神和意识形态领域。

从“旅游文化”结构层次来讲，“旅游文化”同“文化”一样，既有物质层面的旅游文化，也有制度行为层面的旅游文化，还有精神层面的旅游文化。物质层面的旅游文化是指旅游者视觉可辨识的关于文化的物质载体，包括作为旅游客体的自然景观、人文景观，以及旅游商品、旅游服务设施等；制度行为层面的旅游文化，是指旅游活动中的各种社会规范和约定俗成的习惯，具体包括旅游法规、旅游企业的管理制度、旅游服务人员的行为规范等；精神层面的旅游文化，是指引导、影响人们旅游活动的直接或间接地从旅游实践中抽象出来的价值观念、思想信仰、审美情趣、思维方式等。

“旅游文化”作为一种特殊形态的文化现象有其丰富的内涵，也有着各种各样的形态，但不管是哪种形态的旅游文化，哪个结构层次的旅游文化，都具有一些共同特征。

第一，旅游文化具有广泛的社会传播性。旅游主体的广泛社会性决定了其传播的广泛社会性。旅游主体在追求自由的本质力量的驱使下，不断跨越两个或多个文化空间和社会环境，并吸附大量的旅游中介体参与进来，形成一种动态的线性结构，并呈现出传播特征。一方面，旅游主体由于其永无止境的探索与超越精神，总是使自己处于运动状态之中。旅游主体的这种动态本质，使旅游文化系统的各个环节得到广泛传播，使旅游出发地、旅游客源体、旅游中介体乃至旅游目的地的文化连在一起。另一方面，不同地域的文化，随着旅游主体的运动而漂移和扩散，旅游主体是其所在民族、地区文化的载体。中国旅游者承载的是中华五千年的文明，西方旅游者承载的是欧洲的同样悠久的文明。由于旅游主体的活动，其所承载的文化也随着旅游者的活动而传播。与此同时，旅游主体在旅游活动中所接触到的异质文化也会对其产生影响。旅游主体会把目的地文化传播到出发地，从而形成不同的文化碰撞、交流和融合。

第二，旅游文化具有鲜明的时空性。首先，不同时代的旅游主体的旅游文化观念和行为方式是有差别的。古代中国人表现为拘谨和内向性格，而今天的旅游者，尤其是青年旅游者则表现出开放和外向性格。古代休闲性旅游者多为上层贵族，而今天则以普通民众为主。对于同一旅游客体而言，由于旅游审美的标准不同，古人并不视为美景的，今人却有可能赞不绝口。可见，旅游文化主体的时代性特征是非常明显的。其次，不同区域的旅游文化也会具有不同的特征。世界上不同地区、不同民族的风俗习惯、生活方式、宗教信仰等都存在着差异，旅游文化受其影响而呈现出地域性、多样性的特征。地域性差异正是形成旅游者旅游活动的吸引力之一。旅游者对异域文化的猎奇、探险、求知心理，借助旅游这一文化消费的形式，通过旅游活动实现体验异域中异彩纷呈的文化的目的。

第三，旅游文化具有民族性。丰富多彩的民族文化及个性特征形成了丰富多彩的旅游文化的源泉。不同的民族因文化不同，其主体的旅游文化观念、行为模式及道德标准是不同的。例如，中国大多数的旅游者比较内敛稳健，而西方大多数的旅游者则比较外向和具有冒险精神；中国人旅游注重内心的感受，而西方人则注重对外部世界的观察与探究；中国人比较看重旅游的道德功效，且富于人文情怀，而西方人则更看重知识的价值，富有科学精神等。除此之外，民族文化是一个特定的民族拥有的民族特性和传统特色，民族文化本身是旅游文化的重要资源之一，现在具有民族文化风情的旅游文化越来越受到旅游者的热爱，这体现了旅游文化的民族特性。

第四，旅游文化具有一定的阶层性。社会的阶层性特征决定了旅游文化的阶层性特征。不同的社会阶层所体现出来的旅游文化观念和行为方式各有特色、各不相同。同一社会中不同社会阶层的旅游者，因其经济收入不同、受教育程度的差异、职业性质的差异、居住环境的差异等，形成了不同的旅游爱好、旅游性格和旅游观念。如教师对历史文化古迹、诗词歌赋等具有浓厚的体验，而艺术家则对岩画、奇松怪石、工艺品等有着浓厚的兴趣。同时高收入人群与低收入人群的旅游选择、旅游体验也有很大的差别。因此，旅游文化的供给方，必须在旅游资源开发、产品设计与经营过程中进行精心的文化设计、文化创意和文化经营活动，深入挖掘与创新旅游资源深厚的文化底蕴和文化内涵，才能满足不同社会阶层的物质及精神文化需求。

第五，旅游文化具有历史继承性。任何一种新的文化形态都不是凭空创造出来的，而是在继承原有文化成果中那些合理而有益的部分的基础上，在实践中进行的再创造。旅游文化是一门新兴的边缘学科，它必须根植于原有的学科基础之上，脱胎于相关的学科之中。在初期，它必然较多地受到母体的强烈影响。与旅游文化相关的学科很多，主要有政治学、经济学、文学、民俗学、心理学、社会学等，旅游文化正是吸收了这些学科的优秀成果，才有了坚实的基础，从而不断地给自己补充血液和营养，逐渐形成自己的特点。

第六，旅游文化具有审美价值的创造性。旅游文化是一种具有审美价值的创造性文化，它通过人们对美的创造来不断满足人们日益增长的求美的需求。由于旅游文化的融合性，旅游者不断带来新的文化冲击，在融合的过程中，也就使旅游文化本身不断出现新的表现形式。这种变异性既是旅游文化发展的必然结果，也是其魅力所在。旅游文化并不是各种文化的大杂烩，而是传统文化和新兴学科相结合的一种创造。对旅游文化来说，其他各种文化都是“原材料”，经过设计、加工、组织后，才能开发成新的旅游文化，形成专门的旅游产品供旅游者享用。如我国境内有许多少数民族，它们都有自己的民族文化，但这并不意味着它们能够自然构成旅游文化，必须经过旅游主体的再创造才能成为旅游文化。

现代旅游业讲求的是文化搭台、经济唱戏。因此，现代旅游文化具有强大的经济功能，从这一角度讲，旅游文化还具有服务性特征。从旅游与经济的关系看，强调和突出这种服务性尤为重要，机场、车站、宾馆、市场等是直接为游客服务的。旅游中介——旅游经营者的主要作用就在于为旅游主体——旅游者提供一系列的服务，帮助旅游者到达旅游目的地。旅游者在接受服务的同时，将获得一种独特的感染、熏陶和享受。旅游文化的这一特性，直接促成了现代旅游业的产生，推动着经济的发展。今天旅游业已成为世界公认的“朝阳产业”，在我国，许多旅游资源丰富的地区，旅游业已经成为当地的支柱产业。

（三）旅游文化与文化旅游

上面讲的是“旅游文化”的内涵及特征，其实我们在实践当中经常用到一个词，即“文化旅游”。目前，“文化旅游”也成为许多区域旅游业发展的重要项目形式之一。

“文化旅游”的概念最早由 Robert（1977）提出，他认为“文化旅游”存在于旅游的过程之中，包括食、住、行、游、购、娱等各个环节，并且了解目的地的历史遗址和目前当地人的生活及思想状况。[①] 自此学者们开始从不同的角度对文化旅游进行定义和研究。M. K. Smith（2009）在《文化旅游问题研究》中提出文化旅游是旅游者远离常住地，为满足文化需求的旅行活动。[②] 国内研究中马波（1998）较早区分了旅游文化与文化旅游的不同，他认为文化旅游属于运动的范畴，是旅游的一种类型。更多的学者将目光放在了文化旅游开发以及发展的问题上。也有学者认为文化旅游

---

① ［美］罗伯特·麦金托什、夏希肯特·格波特：《旅游学——要素·实践·基本原理》，蒲红译，上海文化出版社 1985 年版，第 67 页。

② M. K. Smith，Issues in Cultural Tourism Studies. London：Routledge，2009.

是文化产业的一个特殊的业态，而文化产业具有多重效益，包含众多门类，很难提出统一的内涵界定。[①] 有研究者把中国文化旅游分为四个层面：以文物、史记、遗址、古建筑等为代表的历史文化层；以现代文化、艺术、技术成果为代表的现代文化层；以居民日常生活习俗、节日庆典、祭祀、婚丧、体育活动和衣着服饰等为代表的民俗文化层；以人际交流为表象的道德伦理文化层。

"旅游文化"与"文化旅游"是两个不同的概念，但二者又有着密切的关系。首先，它们是两个内涵不同的概念。"文化旅游"属于运动的范畴，是旅游的一种类型，与诸如山水田园旅游、观光旅游、生态旅游等一样，它们与旅游在内涵上存在着有机的联系。"旅游文化"属于文化的范畴，是文化的一个门类，与诸如建筑文化、生态文化、艺术文化等相并列，是文化的一种类型。其次，它们又是两个有着密切联系的概念。一方面，文化的发展丰富了旅游文化的内容，进而促进旅游文化的发展；另一方面，旅游文化的发展又能为文化旅游提供丰富的内容，以满足旅游者的各种文化需求。而且在外延上，文化旅游可以说是旅游文化的一个研究内容，而旅游文化的内容要比文化旅游丰富得多。

二、旅游景点及旅游景点文化

（一）旅游景点

在研究"旅游景点"时，我们不得不研究"旅游景区"。目前，不管是旅游实践还是旅游研究者，基本上都把"旅游景点"和"旅游景区"两个概念作为同一个内涵的概念在使用，二者只有字面上的区别，内容基本是一致的，一般表述为"旅游景区（点）"。但从外延上讲，二者还是存在一定的区别的："旅游景区"更多的是从地理空间上描述的，其地理范围应该比"旅游景点"大；而"旅游景点"所描述的范围应该从属于旅游景区，一个景区可能有多个相互联系的景点。"旅游景点"从狭义上讲可以是一个有审美特征的独立单元，也可以是一个具体的事物或现象，如贺

---

① 周建新、胡鹏林：《中国文化产业研究 2017 年度学术报告》，《深圳大学学报》（人文社会学科版）2018 年第 1 期。

兰山岩画就是一个景点。

中国旅游出版社出版的《旅游景区质量等级的划分与评定》将“旅游景区”界定为：以旅游及其相关活动为主要功能或主要功能之一的空间或地域。这里的“旅游景区”是指具有参观游览、休闲度假、康乐健身等功能，具备相应旅游服务设施并提供相应旅游服务的独立管理区。该管理区应有统一的经营管理机构和明确的地域范围，包括风景区、文博院馆、寺庙观堂、旅游度假区、自然保护区、主题公园、森林公园、地质公园、游乐园、动物园、植物园，以及工业、农业、经贸、科教、军事、体育、文化艺术等各类旅游景区。也有学者将“旅游景区”界定为由若干相关联的景物及文化所构成、具有相对独立性和完整性，并具有审美特征的基本境域单元。这里“旅游景区”与“旅游景点”基本上没有区别，旅游景点也就是旅游景区。

严格来讲，“旅游景点”与“旅游景区”的内涵是有区别的：“旅游景点”是存在于一定景区内的具有旅游文化内涵的旅游资源的具体体现形式或旅游文化载体，如北京的故宫博物院、天坛、王府井等。

因旅游资源的差异性及旅游文化的多样性，旅游景点也多种多样，从不同的角度可以对旅游景点作出不同的分类。

在我国，根据旅游景点的质量及管理水平的等级，由国家旅游景区质量等级评定委员会授权省旅游局，依照《旅游景区质量等级的划分与评定》国家标准进行评审，将旅游景点从高到低划分为5级，依次为AAAAA级旅游景点（区）、AAAA级旅游景点（区）、AAA级旅游景点（区）、AA级旅游景点（区）、A级旅游景点（区）。其中，AAAAA级旅游景点（区）为中国旅游景区最高等级，代表着世界级精品的旅游风景区等级，AAAA级旅游景点（区）是国家级标准的景区。在硬件的要求上，AAAAA级与AAAA级相比只是从细节、质量上要求更高、更明确，而最本质的差别则主要体现在文化性和特色性的要求上。“以人为本”的服务宗旨是AAAAA准则的主线，AAAAA级景区更注重人性化和细节化，围绕为游客营造舒适优美的旅游环境，制订了许多细则。

按照旅游景点的核心景观的不同，大体上可把旅游景点分为如下12种类型：

1）以湖泊风景为核心的景点，如白洋淀、杭州西湖、南京玄武湖、武汉东湖、新疆天山天池、青海湖、丹江口水库、黄冈遗爱湖等；

2）以山岳风景为核心的景点，如燕山、泰山、衡山、华山、紫金山、阿里山、黄冈麻城的龟峰山等；

3）以森林风景为核心的景点，如云南西双版纳、湖南张家界、河南宝天曼、四川卧龙、湖北神农架、黄冈罗田的天堂寨等；

4）以山水风景为核心的景点，如桂林漓江、黄果树大瀑布、长江三峡、武夷九曲溪、黄冈英山的桃花冲等；

5）以海滨风景为核心的景点，如三亚的天涯海角、厦门鼓浪屿、大连海滨、印度尼西亚的巴厘岛等；

6）以休闲疗养避暑为核心的景点，如北戴河、牛首山、庐山、黄冈罗田的薄刀峰等；

7）以宗教寺庙为核心的景点，如九华山、栖霞寺、敦煌莫高窟、龙门石窟、嵩山少林寺、武当山、黄梅四祖寺等；

8）以园林建筑为核心的旅游景点，如北京的颐和园、苏州的拙政园、福建的土楼等；

9）以革命纪念地为核心的景点，如延安宝塔、西柏坡、贵州遵义、毛泽东故居、黄冈红安李先念纪念馆等；

10）以历史文化或历史名人为核心的景点，这类景点主要满足人们对历史的追寻及探索心理，如秦始皇兵马俑、明长城、贺兰山岩画、李时珍博物馆等；

11）以美食为核心的景点，这类景点主要是以饮食文化为特色，满足人们追求色、香、味、形、器、境有机统一的美食需求。如福建的“佛跳墙”、四川的“麻婆豆腐”等；

12）以民俗风情为核心的景点，这类景点主要是以特定民族的文化为特色，满足人们对异域他乡的独特文化的审美需求。

（二）旅游景点文化

“旅游景点文化”是旅游文化的重要组成部分，是人类社会创造或发现的可以娱悦主体心情或满足主体价值需求的具有特殊空间范围的事物或现象。如具体的旅游景点所展现出来的包含物质、行为、制度及精神层面的东西都属于“旅游景点文化”。

“旅游景点文化”除了具有一般旅游文化的基本特征以外，还有两个最显著的特征：一是旅游景点文化具有显著的地理空间特征。从地理空间角度讲，“旅游景点文化”是在旅游及其相关活动为主要功能或主要功能之一的空间里体现出来的文化现象，其地理空间感较强。如秦始皇兵马俑景点文化就是位于今陕西省西安市临潼区秦始皇陵以东 1.5 千米处的兵马俑坑内的古代墓葬雕塑所体现出来的历史文化现象。二是旅游景点文化具有显著的地域特征。由于旅游景点的区域差异性，旅游景点文化也表现出强烈的地域差异性。如历史文化名城与沿海城市、北方大草原与南方热带雨林等，它们所体现出来的旅游景点文化就具有较大地域差异性，正是这种旅游景点文化的差异性才使得旅游活动得以产生和发展。

综合上面所提到的 12 类旅游景点，在我国的旅游实践当中，旅游景点文化主要体现在以下方面：

1）自然景观旅游文化，包括地质景观旅游文化、生物景观旅游文化、生态景观旅游文化、大漠景观旅游文化等；

2）山水田园景观旅游文化，包括名山景观旅游文化、名川景观旅游文化、名水景观旅游文化等；

3）历史文化景观旅游文化，包括历史文化、名人文化、红色文化等；

4）宗教旅游文化，包括佛教旅游文化、道教旅游文化、基督教旅游文化、伊斯兰教旅游文化等；

5）园林建筑旅游文化，包括园林旅游文化、建筑旅游文化等；

6）饮食旅游文化，包括美食文化、酒文化、茶文化等；

7）民族旅游文化，包括民族歌舞文化、民族戏曲文化、民族礼仪庆典文化、民族服饰文化等；

8）乡村旅游文化，包括乡村传统村落文化、农耕文化、农产品工艺文化等。

第二章

鄂东大别山区域地理、经济与文化特征概述

鄂东大别山区域主要是指位于湖北省东部的黄冈市，从地理空间上来看，由三个部分组成：北部和东北部为大别山山脉带，包括红安、麻城、罗田、英山，地势以低山丘陵为主，海拔多在500~800米；中部为大别山山脉延伸带，包括团风、浠水、蕲春、黄梅，地势以丘陵岗地为主，海拔在100~250米；南部和西南部为大别山南麓沿江（长江）带，包括黄州区、武穴、龙感湖管理区及黄梅县南部，地势以长江冲积平原为主。

鄂东大别山区域整个地势由西北往东南倾斜，西北部高、东南部较低，南北狭长，东西较窄，南北最宽跨度为208千米，东西最长距离为168千米。主脊呈西北—东南走向，总面积约17446平方千米，人口750万人。其中，平原面积占12.2%，岗地占10.3%，丘陵占43.3%，山地占34.2%。

鄂东大别山区域交通便利，其中心区域黄州区有4个火车站（黄冈站、黄冈东站、黄冈西站、黄州火车站），经武冈城际铁路从武汉到黄州区只要28分钟。区域内还依傍一条黄金水道（长江），紧邻两座机场（武汉天河机场、九江机场），贯通四条铁路（京九铁路、合九铁路、京广连接线、沪汉蓉快速客运通道），飞架五座长江大桥（鄂黄长江大桥、黄石长江大桥、九江长江大桥、鄂东长江大桥、黄冈长江大桥），纵横六条高速公路（沪蓉高速、黄小高速、麻阳高速、武英高速、大广高速、麻竹高速），具有“承东启西、纵贯南北、得中独厚、通江达海”的区位优势。

第一节　北部、东北部大别山山脉带情况概述

鄂东大别山区域北部、东北部大别山山脉带是指鄂东境内大别山区域的北部和东北部区域，包括红安、麻城、罗田、英山 4 个县（市）。这里地势以低山丘陵为主，平均海拔 500 米以上，最高超过 1700 米，具有共同的地理特征和气候条件，种养业及特色农业资源非常丰富。

一、红安县

（一）地理及经济特征

红安，原名黄安，位于湖北省东北部大别山南麓，南临武汉，北接河南，东邻麻城，西接黄陂、大悟，县城距省会武汉 100 千米，车程 1 小时左右。红安县国土总面积为 1796 平方千米，辖 13 个乡镇（场），398 个村民委员会、28 个社区居民委员会。2020 年，红安县总人口 51 万。全县均为半山半丘陵地区，地势北高南低，县北的老君山海拔 840 米，天台山海拔 817 米，最低处杜家湾海拔 30 米。

红安县有京九、京广铁路联络线（红安站）、合武高铁（红安西站）从县城南部穿过；过境的高速公路有沪蓉高速、麻竹高速（在建）。县城处在 106、107、312、318 四条国道的中心点，紧邻沪蓉、京珠、沪西三条高速公路。全县公路总里程达到 1580 千米，县域公路密度达到每平方千米 0.88 千米，其中，一级公路 24.94 千米，二级公路 127.57 千米，三级公路 113.96 千米，乡村公路 1313.53 千米。

红安县地形北高南低，地貌形态复杂多样，光照与雨量分布不同，从北至南为低山—丘陵—岗地—河谷冲积平原的梯状过渡。低山在 500 米左右，林特产品丰富，是集中的林业基地。中部多丘陵岗地，海拔 100~500 米，以旱地为主，是全县油料作物的主要产区。园地、林地也有较大面积，优质茶叶大都产于该地域，水田也占有一定比重。南部均属河谷冲积平原，海拔在 100 米以下，是粮、棉的主要产区。由于地形地貌的变化，

气候雨量等自然条件较优越，土地适宜性较广，因而土地利用类型多样。根据《湖北省土地利用现状调查技术规程》，红安土地利用类型分为 8 个一级类、21 个二级类，续分了 11 个三级类；根据规划分类，分为 3 个一级类、9 个二级类、39 个三级类。

花生、烟叶、茶叶、红薯、板栗是当地特产，花生产量居全省前列，天台翠峰茶被评为全省优质茶，中药材桔梗是传统产品。以粮食、油料、烟叶、林特、建材采矿、食品等生产加工配套经营的六大经济支柱正在形成。其中，红安苕、老君眉茶已成为国家地理标志产品。

红安是一个典型的山区农业县，也是全国老区建设示范试点县。2018 年 8 月 7 日，湖北省政府批准红安县退出贫困县行列。

（二）文化特征

明嘉靖四十二年（1563 年），由麻城、黄冈、黄陂三县析置黄安县。民国十六年（1927 年）爆发了黄麻起义，民国二十年（1931 年）红四方面军在黄安军民配合下，攻克黄安县城。鄂豫皖中央分局为了纪念黄安战役的伟大胜利，表彰黄安人民的革命斗争精神，宣布将黄安县改名为红安县。

红色文化资源丰富是红安的一大特色。红安是黄麻起义的策源地，是红四方面军的诞生地，是鄂豫皖苏区的政治、经济、军事、文化中心。大革命时期，这里打响了黄麻起义第一枪，诞生了红四方面军、红二十五军、红二十八军三支红军主力。革命战争年代，红安为中国革命的胜利献出了 14 万英雄儿女的宝贵生命。在这块土地上，诞生了董必武、李先念两位党和国家的重要领导人，走出了韩先楚、秦基伟、陈锡联、谢富治、王近山等 223 名将军，其中被授予上将军衔的 8 人、中将军衔的 12 人、少将军衔的 52 人。红安是全国将军人数最多的县，是名副其实的“中国第一将军县”。在中国工农红军的队列中，曾经每三个人中就有一个红安人，每四名英烈中就有一个属红安籍。新中国成立后，我国的 10 大军区中有八大军区的司令员或政治委员由红安籍将军担任。后来十大军区改为八大军区，先后又有六大军区的司令员或政委是红安人。

红安境内山川秀丽，人杰地灵，曾养育了理学奠基人、北宋时期著名的哲学家程颢、程颐，明代“天台三耿”（耿定向、耿定力、耿定理），明代思想家李贽，现代著名的翻译家、文学家叶君健，历史学家冯天瑜，经济学家张培刚等一大批名臣学士。

红安绣花鞋垫已被国务院列入第二批国家非物质文化遗产名录。红安绣花鞋垫源远流长，俗称“纳袜底”或“纳鞋底”，是在普通鞋垫基础上经红安刺绣艺术美化而成，其图案多以花草、动物为主，一度是农村男女的定情信物。红安文物胜迹遍布全县，确定为县级以上文物保护单位的有163处，如天台山、香山湖、对天河、吴氏祠、老君山等。其他比较有名的还有九焰山（又名黄杨寨）、艾河谷等。

二、麻城市

（一）地理及经济特征

麻城隶属湖北省，是由黄冈市代管的县级市，位于湖北省东北部，黄冈市北部，长江中游北岸的大别山中段南麓，鄂豫皖三省交界处。地处东经114°~115°和北纬30°~31°之间，北与河南省商城县、新县以山脊为界，东北同安徽省金寨县依界岭分水，东邻罗田县，南接团风县、武汉市新洲区，西与红安县毗连，西南距省会武汉113千米，距黄冈市110千米。

麻城市是中部地区重要的交通节点城市和湖北省政府规划的综合性交通枢纽城市。境内有“四高”（大广高速、麻武高速、麻竹高速、麻阳高速）、“三铁”（京九铁路、沪汉蓉铁路、汉麻铁路）、“两站”（麻城火车南站、麻城动车北站），106国道纵贯南北，大别山红色旅游公路横穿东西。距武汉天河国际机场80千米、阳逻深水港码头70千米。据2017年5月麻城市政府网信息显示，麻城公路密度达到107.1千米/百平方千米，全市形成了以高速公路为主架设，以国省干线公路为主动脉，以农村公路为毛细血管的四通八达的交通公路网络。

麻城市国土面积3747平方千米，下辖3个街道、15个镇、1个乡；2019年年末户籍总人口115.39万；2021年，全市完成地区生产总值（GDP）410.25亿元。全境地势有如马蹄形，三面环山，东、北、西三部分山脉相连，群峰突起。地势东北高、西南低，全市总面积的40%为山地、30%为低山丘陵、30%为平原。麻城地表资源相当丰富，有耕地 123 万亩，林地 282.6 万亩，草地 198.4 万亩，多样化的土种适宜多种农作物生长。麻城全境地处亚热带与温带的过渡地带，兼南北的气候特点，树种繁多。

麻城特产丰富。境内土特产品有麻城肉糕，福田白菊，麻城油面，乘马岗花生，黄土岗金丝瓜咸菜，阎家河莲藕，野生茶油，盐田河板栗，龟山蚕茧，木子店老米酒，中馆驿空心面，绿壳鸡蛋，康王寨天麻，三河黑木耳，龟山、林店绿茶，黑山羊，野生葛粉，浮桥河鳜鱼、匙吻鲟，麻城老米酒，麻城糍粑等。其中，麻城福田白菊、麻城茶油、麻城黑山羊、木子店老米酒、麻城鱼面（俗称垂鱼）、龟山岩绿被列入国家地理标志产品。

（二）文化特征

麻城历史文化悠久，是中国古代“八大移民发源地”之一，是“湖广填四川”的起始地和集散地，是巴蜀公认的“祖籍圣地”，在中国移民史上具有重要地位和深远影响。从元朝末年到清朝中期，麻城持续了 500 多年浩浩荡荡的移民史，成为“湖广填四川”移民的输出中心，使得川渝地区迄今仍有 6000 多万麻城移民后裔，每年来麻城孝感寻根问祖的川渝人士络绎不绝。麻城移民文化滋养了川渝文化，磨砺了川渝精神，在中华文明史上写下了精彩篇章。

麻城民俗风情文化丰厚。东路花鼓戏起源于鄂东，形成于鄂东的麻城、罗田、红安、浠水、黄冈一带，位于大别山南麓，是有着 200 多年历史的稀有地方剧种，其唱腔丰富、旋律优美、表演逼真、风格独特，是艺术潜力极大、群众基础深厚的优秀地方戏曲剧种，2008 年入选国家级非物质文化遗产保护名录。20 世纪 70 年代，毛泽东主席曾在武昌洪山宾馆观看东路花鼓戏《杜鹃山》。麻城民歌刚柔相济，曲调优雅，以《三百六十调》最为闻名，包括号子、山歌、田歌、牧歌、小调、风俗歌、灯歌等。山歌包括四句式、五句式和鱼咬尾式三种，调子有正板、慢板、快板三种。牧歌歌词有《三百六十调》中现成的，也有即兴编的；内容有插科打诨的，有体现机智的，有怀古咏物的，也有表现男女爱情的。目前，麻城着力挖掘民歌资源，正在积极争创“中国民歌之乡”。

麻城花挑是湖北省独具风格的民间歌舞之一。相传，唐代兴建“双庙观”后，在每年正月十五、五月十八的盛大庙会上，当地百姓创造了花挑歌舞。舞蹈动作主要有踮步、秧歌步及其他动作。在服饰上，花旦穿花衣和绿裤，腰系红绸飘带；男丑穿花衣褂和大脚裤，手拿一副竹板；女丑身穿大连襟衣服，耳坠胡萝卜，手拿破蒲扇。花挑唱词有固定的，也有即兴创作的。唱词每句七字，每段五句，加上一问一答两句，称之为“抢八句”。2006 年，麻城花挑入选湖北省首批非物质文化遗产名录。

麻城叉灯流行于福田河两路口一带，是一种独特的民间歌舞，多为节日演出。一般 15 人表演。一人手举伞形灯，位于舞台中央，其余男女各半围成圆圈，男的手拿竹板，女的手握方巾。先是举灯者边舞边念快板，其他男女绕其旋转。然后，举灯者念完快板词抛腔，众男女接腔小跳，转身亮相造型。基本步伐是半蹲行步和小跳步，造型有“犀牛望月”“丹凤朝阳”等。叉灯歌词内容十分丰富，多为谈玄逗趣之类，有固定词，也有即兴创作。1956 年，麻城叉灯参加全省民间歌舞会演，荣获二等奖。

连响舞是流行于麻城各地的一种歌舞，其主要道具是用竹子、铜钱做成的“连响”。道具制作方式是，取三尺长竹棍，在竹棍两端的节与节之间破成对称小口，穿上铜钱即成。舞蹈时，敲打连响，沙沙作响。连响舞表演人数不限，男女各半，舞时每人拿一根连响，敲打左右手臂、腿脚，并按节奏做跳、走、进退、转弯、穿花等动作造型，以锣鼓、二胡等乐器伴奏。

采莲船，即用竹篾、彩纸扎成纸船，一人扮成美丽少女于船中，一人扮成艄公手握撑船竿。在锣鼓声中，艄公作撑船状。彩船绕场旋转，跑三圈后停下。艄公撑竿摇动，彩船作水中荡漾状。锣鼓停止，一人领唱，众人接腔。唱词多为喜庆祝贺之语，大多于春节、元宵节时表演。

蚌精舞，用竹篾纸布编扎成两片蚌壳，一表演者扮成美丽少女于蚌壳中（为蚌壳精），另一表演者扮成渔翁，手持渔网，作理网、撒网状。表演时，在锣鼓声中，蚌壳精手握两片蚌壳一张一合，凝眸渔翁；渔翁一边注视蚌壳，一边撒网，欲捕蚌壳精。如此反复兜圈子，直至渔翁将蚌壳精捕获。

麻城狮舞始于明代，盛于清代、民国。“青狮跳一跳，胜似打清醮。”

狮舞是平安的象征，现一般在春节期间巡回表演，祝福人们新年幸福吉祥。狮舞出入由锣鼓、灯笼开道，场面壮观，每到一户人家，都要鞭炮相迎，十分热闹喜庆。

麻城文化遗产丰富，主要有蔡家山古窑、栗山岗遗址、白骨墩楚墓等。

三、罗田县

（一）地理及经济特征

罗田县位于鄂东大别山北部，大别山山脉南麓，东接英山，南临浠水，西与团风、麻城相邻，北与安徽金寨接壤，县境南北长 105 千米，东西宽 54.7 千米。罗田县属亚热带季风气候，罗田是一个“八山一水一分田”的山区县、老区县和全国扶贫开发工作重点县。截至 2016 年，罗田县面积 2144 平方千米，其中，耕地面积 38 万亩、山林面积 220 万亩，下辖 10 个镇，2 个乡，4 个国有林场，412 个行政村。2020 年户籍人口 63 万人，常住人口 47.31 万人。2017 年 10 月，被住建部命名为国家园林县城。

罗田县地势北高南低，形成自北向南的山脉走向。东北部崇山峻岭，群山环抱，多是海拔 1000 米以上的高山，海拔 1729 米的大别山主峰天堂寨位于东北部边界，是著名的休养避暑风景区；中部地势渐趋开阔，是海拔 200~500 米的低山丘陵区；南部多为 200 米以下的波状起伏的浅丘陵区，其间有着面积不等的山间坪地和因河流冲积而成的平畈地，构成了罗田县地貌多样、自然资源丰富的地理特点。

罗田地处东经 115°、北纬 30°~31°之间，属中纬度地区，亚热带季风气候，年平均气温 16.4℃，无霜期 228 天，年平均降雨量 1400 毫米，气候温和，雨量充沛。尤其是北部山区夏天气候凉爽，冬天气候温和，其特殊的气候条件适合多种农、林作物生长。2013 年，罗田大兴农田水利建设，完成了 38 座水库除险加固工程，改造中低产田近 4 万亩，新增耕地 1.5 万亩。罗田县境内高山、丘陵、河流交错分布，山清水秀，资源丰富，是闻名全国的“桑蚕之乡”“板栗之乡”“茯苓之乡”“甜柿之乡”。板栗产量全国第一，蚕茧年产量湖北之冠，“九资河茯苓”驰名中外，不需脱涩的錾字石甜柿乃是中华一绝。农特资源品质优异、独特，已形成品牌优势，极具开发价值。近年来，罗田大力调整农业结构，发展板栗、中药材、黑山羊等特色产业，申报认证板栗、甜柿、茯苓、金银花、苍术5个国家地理标志保护产品，培育省、市级农业产业化龙头企业17家，锦秀林牧专业合作社荣获农业部“山羊标准化养殖示范场”称号，特色农业发展成效显著。

主要特色农产品有罗田板栗、罗田蚕桑、罗田甜柿、天然野菜、道地药材、老米酒、罗田香腊肉、罗田吊锅菜、罗田茯苓、黑木耳、罗米、罗田兰花、香露茶和观音仙茶、金樱子酒、罗田线麻、罗田楠竹、黄莲竹、罗田栲胶、构树皮、罗田板栗肴、松乳菇、罗田油桐、罗田蜂蜜、罗田楚乡酒、罗田垂枝杉、罗田水竹、水竹编织工艺、罗田栓皮、罗田印子粑，等等。罗田是中国板栗主要产区，素以“板栗之乡”著称，板栗面积产量全国第一。板栗主要品种有桂花香、九月寒、红光栗、早栗、油栗、羊毛栗等17种。罗田甜柿是中国地理标志产品，也是世界唯一自然脱涩的甜柿品种，秋天成熟后，不需加工，可直接食用。罗田九资河的茯苓，属名贵中药材品种，也是中国国家地理标志产品、湖北驰名特产，因主产于湖北省罗田县九资河镇而得名。因其质量好，药用价值高，许多东南亚国家把它当作高级饮料，在国际市场上享有很高的声誉。

（二）文化特征

罗田历史文化源远流长，其语言习俗、风俗文化、民间艺术、山水人文等有着独特的风格和魅力。

罗田《大别山放歌》，集罗田民间音乐、民间歌舞和生产生活习俗等传统文化于一体，是黄冈首部原生态民俗歌舞，体现了罗田民间民俗的传统特色和原始风貌，将独特的民风民俗、浓厚的乡风乡情较为完整系统地以艺术形式再现于舞台，同时展现了大别山革命老区罗田的旅游资源、旅游文化和旅游产品。

罗田东腔戏是唐宋时期罗田当地村民在劳作和生活之余，自发创作的“哦嗬腔”“畈腔”“采茶调”等民间声乐。东腔戏又称东路花鼓，以锣、鼓伴奏为主，富有大别山地域特色，是源自西路花鼓的楚戏的姊妹剧种，清中叶至今在这里世代口耳传授，从第一代师祖陈兴太至今已有9代传人，前7代的多名老艺人20年前就登上了《湖北省文艺志》。9代传承中，陈家山戏班打破了过去女戏男唱的传统，开始培养女演员。目前戏班的演员能唱东腔戏72种板腔中的50余种，保留有《珍珠塔》《秦香莲》《天仙配》等30个大本子剧目和《拦马》《教子》《站花墙》等30个中小戏剧目。如今，陈家山戏班在罗田、麻城、金寨、新县仍颇受欢迎，每年正月初八以后，戏班子便外出演戏，直到阳春三月才回家忙春耕。每逢传统节日、婚丧喜庆，方圆百里的乡亲有请必到；县城广场、村野山坡、农家堂屋、洞房花烛的新房都是他们演唱的舞台。特别是遇上农忙季节，冲冲畈畈"哦嗬"声一片，这边唱来那边和。嗓子好的歌手，歌声可翻滚几个山头。再加上独特地貌产生的自然回声，就形成了激荡人心的歌涛。

罗田畈腔是罗田最具特色的民间音乐，起源于远古时期劳动号子的罗田畈腔是在大别山区独特的地理环境和在农民们长期的农耕生活中，"感于哀乐，缘事而发"所产生的一种民间文化形式。它吐词用罗田方言，发音用小嗓（喉部发音），其曲调高亢嘹亮，节拍自由悠扬，最高音可达小组字"5"音。演唱时最少要2人以上，一人提牌子（领唱），一人打背弓（接腔），所有人拗蔸儿（齐声唱和）。它曲目丰富，可分《歌儿》《挣音》《盘腔儿》等三大类。《歌儿》内有山歌、滚歌等；《挣音》没有固定歌词，全部借自戏文词；《盘腔儿》内有9种唱腔，有固定歌词。罗田畈腔的歌词包含了大量的自然、生产、生活知识和民众的生活习俗以及道德礼义的劝教，是解读当地民众审美心理的重要依据，也是维系民族精神、建设和谐社会的纽带。最重要的是它延续了古老的民间音乐的血脉，是大别山周边地区音乐的"活化石"，极具学术研究价值。

罗田地灵人杰，养育了一代又一代的风流人物。元末农民起义领袖徐寿辉、明代医圣万密斋、戏剧家余三胜、大河岸进士姚晋圻、江北才子周锡恩、方志学家王葆心等都是罗田历史文化名人的杰出代表。其中，万密斋是明代著名医学家，清康熙时被封为"医圣"。万密斋医术精湛，精通内科、妇科、儿科及养生学，尤以小儿科闻名于世。万密斋写了数十部很有价值的医学书籍，形成《万密斋医学全书》，仅次于《本草纲目》，后来被收入《古今图书集成·医部全录》，不仅在国内流传甚广，还传到了日本、朝鲜等国，多次印刷出版。京剧鼻祖余三胜是罗田九资河七娘山人，是国粹京剧的创始人之一，被京剧界尊称为“祖师爷”。他甚至将罗田的口音带入京剧的唱念中，形成独特的风格，为中国京剧的形成奠定了基础。余三胜和他的儿子余紫云、孙子余叔岩通称为余氏“三门伶”。戏剧界尊称余紫云为“青衣泰斗”。余叔岩是京剧老生“余派”的创始人，至今学京剧老生者无不师从“余派”。

四、英山县

（一）地理及经济特征

英山县位于鄂东大别山区域东北部，地处大别山山脉南麓鄂皖交界处。北接安徽省金寨县、霍山县，东邻岳西县、太湖县，南连湖北省蕲春县、浠水县，西与罗田接壤，是鄂、豫、皖三省边境的腹地中心。英山县总面积1449平方千米，辖3乡8镇，309个行政村。截至2016年，英山县总人口40.49万人。英山县武（汉）合（肥）高速、318国道、201省道、大广高速、大别山红色旅游线路贯穿全境。

英山县是中国茶叶之乡、丝绸之乡、药材之乡，是华中地区的旅游胜地。英山先后被授予全国社会治安综合治理先进县、全国绿化模范县、全国科技进步先进县等荣誉称号。2016年11月，英山县被国家旅游局评为第二批国家全域旅游示范区。2018年9月26日，英山县荣获“中国天然氧吧”创建地区称号。

英山地跨东经115°31′~116°04′，北纬30°~31°08′之间，位于大别山腹地，属长江中下游北亚热带湿润季风性气候，气候温暖湿润，雨量充沛。英山县地壳以大别山古老变质岩和侵入岩组成，土壤母质以花岗片麻岩为主的掩体，经过长期风化作用形成。英山共有五大土类，11个亚类，23个土属，89个土种。其中黄棕壤占总面积的86.97%，水稻土占总面积的12.29%，其他土类共占0.74%。境内群山绵亘，沟壑纵横，草木繁荣，蕴藏着较为丰富的野生动植物资源。其中国家二级以上保护野生动物11种，分别是天鹅、小灵猫、林麝、豹、鹰类、勺鸡、白冠长尾雉、虎纹蛙、鹞、娃娃鱼等；省级重点保护野生动物40种。境内现存乔木树种172

种，灌木树种 236 种。其中有国家二级以上保护树种 25 种，省重点保护植物 15 种。

英山茶叶生产历史悠久，茶叶产量位居湖北省第一，并进入全国四强，被国家列为"全国无公害茶叶基地示范县"，并被誉为"中国茶叶之乡"。早在唐代，英山生产的"团黄"就与安徽的"黄芽""圻门"并列为"淮南三茗"，作为贡品运往当时的都城长安。发展茶叶产业已成为英山干部群众的共识。历届县委、县政府始终坚持把发展茶叶经济作为富县富民的重大措施来抓，一任接着一任干，提出了"农业抓产业，产业抓特色，特色抓茶叶"的战略部署。早在 1999 年，湖北省质量技术监督局发布了第一个县级名优茶的地方标准《英山云雾茶》，规范了鲜叶采摘、加工制作、包装贮藏运输和质量安全等技术要求，将质量管理贯穿于各个环节，确保茶叶质量上档次、上水平。英山云雾茶被评为"湖北十大名茶"，第一批通过了农业部"全国创建无公害农产品（茶叶）生产示范基地县"的验收。茶叶卫生指标达到了无公害食品（茶叶）NY 5017 的标准。"毕昇牌云雾茶"获准使用"A 级绿色食品"标志；"健生牌茶叶"获有机茶认证证书，获准使用"有机茶"标志。

茧丝绸产业是英山县的传统产业，全县现有桑园面积 6.5 万亩（其中投产桑园 4 万亩），4.8 万户 5 万蚕农种桑养蚕，年发种 6 万~7 万张，年产茧 400 万斤左右。英山孔坊等 6 个乡镇每个乡镇桑园面积达到 1 万亩，四顾墩等 100 个重点村每村的桑园面积确保在 500 亩以上，形成湖桑与杂交桑结合以湖桑为主，成片桑园与零星桑园结合以成片桑园为主的基地结构。正在推广的湖桑无性扦插一步成园技术、桑园平衡施肥技术、应用方格簇制茧新技术、桑园综合开发和桑蚕附产品综合利用技术，极大地增加了蚕桑产业的附加值。已形成缫丝、织绸、制衣等一条龙生产体系，梦丝家、雍华等丝制品品牌已在全国叫响。

英山处于亚热带湿润性季风气候区，特别适宜中药材生长，历来是湖北省重点药材产区之一，全县中药材品种多，道地药材多，且品质好，其中有些曾获国际大奖，是出口免检产品。英山中药材蕴藏量在 16 万担以上，其中植物类 13 万担，动物类 200 担，矿物类 3 万担。国内外比较出名的珍稀名贵和道地药材较多，主要有茯苓、桔梗、天麻、天冬、苍术、丹参、杜仲、厚朴、黄檗、射干等。其中珍稀名贵药材有天麻、杜仲、麝香、豹骨、三七、贝母 6 种。道地药材有茯苓、天冬、丹参、桔梗、苍术等 8 种。大宗药材有细叶胡枝子、香附子、野菊花、夏枯球、山楂、杜仲、黄荆、草乌、白扁豆、竹叶柴胡、金盆草、苦参、茵陈、姜虫、黑苏子等 50 多种。

（二）文化特征

英山古为皋陶部落，汉为英布封疆，宋为毕昇故里。这里曾孕育出一大批卓越有为的仁人志士。清代刑部尚书金光悌，辛亥革命元老傅慧初，西伯利亚调查专员王孰闻，民国时期上海律师公会会长李次山，曾任中共中央军委书记的傅维钰，南昌卫戍司令、公安局局长的彭干臣等，现代著名作家刘醒龙、熊召政、姜天民也生长在英山。

英山美食具有独特的文化氛围。英山县地处湖北省鄂东、大别山南部。自古乡土气息、汉文化底蕴浓厚。这里人杰地灵，物华天宝，勤劳的英山人不光创造了灿烂的文明，也创造了不少民间特色小吃。特别是枞菇肉片锅、土羊肉锅、蒸腊肉豆腐粑、蛋丝、红椒河鱼煎豆腐锅、煎油面、酥圆子、火烧粑、雪花粑、毕昇饼等美食享誉国内外。英山绿豆粉丝为中国名产，1938 年在巴拿马举行的“万国博览会”上获银质奖章后，更是享誉中外。英山丝绸制品驰名中外，曾荣获轻工部、国家旅游局、商业部、省轻纺工业厅等单位颁发的天马奖、金鹤奖、楚星金杯奖，被评为湖北省消费者满意产品、湖北省工业精品名牌消费品展销会金奖产品。

英山山川秀丽，自然景观异彩纷呈，文化史迹沉淀丰富。境内奇峰俊秀、沟谷幽深、森林茂密、植被丰富，名山（大别山主峰）雄奇险峻，名泉（地热温泉）物华天宝，名产（茶叶、丝绸、板栗、山野菜）享誉全国，名人（毕昇）闻名中外，是华中地区旅游资源富集地区之一，2000 年被湖北省旅游局确定为大别山生态旅游县。已建成吴家山森林公园、桃花冲森林公园、毕昇森林公园、乌云山茶叶公园、桂枝山生态园和温泉省级旅游度假区六大景区景点。吴家山森林公园境内的龙潭河谷风景区被誉为“华中第一景”。良好的生态环境使英山旅游独具特色，春可踏青，夏可避暑，秋可观景，冬可泳泉，已成为“鄂东旅游的支撑点，大都市的后花园”。

大别山主峰天堂寨（海拔 1729.13 米）、二峰大同尖（海拔 1698 米）均在英山境内，原始生态面积占英山版图面积 1/3 以上。主峰天堂寨东面的龙潭河谷长 12 千米，上下落差 800 米，谷险潭深；二峰大同尖东面的桃花冲，幽深秀美，有“古有桃花源，今有桃花冲”之誉。林区生长着 3000 余种植物和 600 多种野生动物，是华北、华中、华东三地植物聚集地，为全国七大基因库之一。国家旅游局确立大别山生态旅游区为国家生态旅游发展重点，国家计委、国家旅游局扶持资金支持大别山生态旅游区基础设施建设，湖北省计委、湖北省旅游局已将大别山生态旅游区列为湖北旅游发展重点，开通了英山旅游热线。

第二节　中部大别山山脉延伸带情况概述

鄂东大别山区域中部大别山山脉延伸带是指鄂东境内大别山区域的中部地带，包括团风、浠水、蕲春、黄梅 4 县。北部地势以丘陵岗地为主，海拔多在 200 米以上，最高超过 1200 米（浠水三角山、蕲春太平山庄、团风大崎山）；南部靠近长江，地势比较平坦，海拔在 100 米以上。农业生产以粮食、油菜、棉花及水产养殖为主。

一、团风县

（一）地理及经济特征

团风县位于鄂东大别山中西部，长江中游北岸，与湖北省鄂州市、武汉市阳逻经济开发区、黄冈市黄州区、浠水县、麻城市相邻，版图面积 838.4 平方千米，辖 10 个乡镇，人口 43 万人。团风县素有“鄂东门户”和“小汉口”之称，是鄂东连接武汉的“桥头堡”。2018 年 9 月 25 日，团风县获得商务部“2018 年电子商务进农村综合示范县”荣誉称号。

团风县土地肥沃，物产丰富，地势自东北向西南倾斜，气候条件优越。全县面积 125.76 万亩。其中，耕地面积 26.19 万亩，占全县面积的 20.8%；水田面积 21.3 万亩，占 16.9%；农作物播种面积 69.6 万亩，占

55.3%；境内林地面积44.2万亩，占35.1%。全县拥有活林木储量53万立方米。境内有长江、巴河、举水三大水系，雨水充足，非常适合农业生产。

团风凭借优越的地理条件，形成了以优质稻、蛋鸡、水产品、蔬菜、花生、生猪为主的六大农业主导产业；打造了四大板块基地，分别是中部丘陵区优质稻板块基地、蛋鸡养殖基地、山区乡镇的花生基地、沿江一带水产养殖基地；构建了以团风兴隆米业、湖北永信食品、新华扬公司等龙头企业引领农业板块基地建设的格局。团风兴隆米业被评为全省农业产业化龙头企业，所生产的“兴鄂”牌多个品种稻米被农业部评定为绿色无公害产品。目前，全县优质稻复种面积达到36万多亩；花生种植面积达到5.6万亩；土豆种植面积达到2.06万亩；水产养殖面积达到7.5万亩。

团风的农特产品资源比较丰富，主要有谢河辣椒、团风苦荆茶、团风荸荠、团风大米、团风狗脚等。谢河辣椒原产于团风淋山河镇谢河村，是淋山河镇闻名遐迩的地方特产，至今已有近百年的种植历史。谢河村独特的土壤质地和气候条件，使得谢河辣椒色泽鲜艳，肉质鲜嫩，食之辣中带甜，甜中夹辣，既开胃又养颜，是难得的佳肴。团风苦荆茶属冬青科冬青属植物，为常绿小乔木，分布于团风东北的山丘地区，近百年来它被作为茶叶饮用，味道独特，先苦后甘，生津止渴，口感甚好。苦荆茶是团风特有植物资源，鄂东大别山地区具有得天独厚的自然条件，较适合苦荆茶的种植。团风已将其作为重要的产业给予扶持，经过多年的推广，现共有茶园2700多亩，年产苦荆茶精制品3万余千克，每年还有4万余千克成熟叶片（可作为加工饮料的原料）。随着苦荆茶推广种植面积的逐步增加，以及原有的苦荆茶树逐年进入丰产期，苦荆茶的产量迅速增长。团风荸荠是一种多年生浅水性宿根草本，以球茎为食用部分。其球茎外形状如马蹄，因而两广人俗称其为马蹄。球茎颜色、外形、性味、主要营养成分与板栗相近，故北方人又称其为地栗。团风县荸荠栽培历史悠久，《黄冈县志》记载关于荸荠栽培的历史有300多年，目前以团风方高坪镇出产的荸荠最为有名。团风大米不仅品种多，而且含有丰富的铁、锌等有益于人体健康的微量营养元素，具有色亮、质优、免淘的特点。团风狗脚系用白面粉、糖稀、红糖、麻油、五香和苏打和面做成的狗脚形食品，贴放在炉内烘坑上烘烤而成。其色泽金黄，松酥可口，香甜、耐存放，为团风镇特产。

（二）文化特征

团风具有悠久的历史，在夏、商为荆州之域，周为弦子国，属扬州。《左传》记载鲁僖公五年（公元前 655 年），“楚人灭弦，弦子奔黄”。战国时，楚王灭邾（邹），“迁江夏，故江夏有邾城”，即今黄州区堵城镇禹王城。

团风是一个神奇的地方，这里不仅有神奇的山、神奇的水，更有神奇文化厚土孕育出的神奇名人。在举水和巴水之间，在大崎山以南到长江以北的百余平方千米的区间里，产生了连绵浑厚的文化传承，多彩绝伦、门类齐全的民间绘画剪纸艺术，灿若星辰的世界顶级人物，震撼国内外的重大事件，每踏一步都有不尽的传说。这里发生了“回龙山暴动”“夏家山事件”等若干重大历史事件，这里诞生了清朝湖北第一个状元刘子壮、中国地质和石油的开山泰斗李四光、享誉世界的主观唯心主义哲学家和现代新儒学开山鼻祖熊十力、中共一大代表包惠僧、共产国际的负责人张浩，还有民主斗士殷海光和文学大匠秦兆阳。

团风还是一个对中国革命和解放做出杰出贡献的地方。团风人的觉醒意识让人感动，早期维新知识分子严旭复办“坪江书院”，为结束封建帝王统治以造影响；早期资产阶级革命党人殷子衡、何季达、吴贡三创办“团风小学”与“日知会”，传达新学和进步思想。从这里走出了张荆野等十多名同盟会员，协助孙中山成就伟业；走出了包惠僧、林育英、林育南等一批五四运动的先驱，他们与陈潭秋、恽代英一起，于 1921 年成立了八斗湾共存社，成立共产主义小组，建立了共产党最早的组织；这里率先点燃了中国农民运动的火焰，得到了毛泽东的高度评价。这里组织了回龙山暴动，建立了中国工农红军第六军等革命武装；这里选送 300 余名英雄儿女在“团风大庙会议”后编入贺龙队伍，参加南昌起义；这里组建了鄂东抗日游击“五大队”，打响鄂东抗日第一枪；这里支援刘邓大军千里跃进大别山；这里组织千人参加了渡江战役；这里有万余儿女为了红色革命献出了生命。李先念等老一辈革命家曾深情地称赞黄冈“英雄土地、伟大人民”。

二、浠水县

（一）地理及经济特征

浠水县位于大别山南麓，湖北东部，长江中游北岸。它的位置在九江、黄石、武汉的长江开放开发区内，长江水道、柳界公路、沪蓉高速公路平行过境；黄石长江大桥直跨浠水散花；京九铁路横穿境内，并建有客货两站，形成了铁路、公路、水路四通八达的网络。总面积为1949.3平方千米，2016年人口为108万人，辖15个乡镇（场），1个省级经济开发区。浠水县原名蕲水县，为避免与蕲春县县名相混，民国二十二年（1933年）改为浠水县。

浠水地处鄂东腹地，南临长江，北依大别山，百里浠河绕城而去，千年古道穿城而行，北通荆楚，南及吴越，交通十分便利，自古便有“水陆要冲”“鄂东门户”之称。境内1条铁路、4条高速纵横交错，3处深水码头通江达海。到武汉天河、九江国际机场只有1个多小时的车程，到北京、上海、广州朝发夕至，半径300千米范围内的省会城市有武汉、合肥、南京、南昌、长沙等。

浠水县地势自东北向西南倾斜，最高处三角山海拔1055米，最低处梅子湖海拔14.5米，相对高差1040.5米。地理概貌可分为北部山区、中部丘陵、西南沿江平原区，各占浠水县总面积的20.4%、63.9%、15.7%。全县地形主要有低山、丘陵、平原三种类型，素有“三山六丘一平原，田园水面在其间”之说。低山多分布于县东部洗马镇和三角山旅游风景区，面积407.8平方千米，占全县总面积的20.4%；丘陵、岗地则遍及全县，面积1276.4平方千米，占全县总面积的63.9%；冲积平原多见于西南滨江地带，面积为314.9平方千米，占全县总面积的15.7%。

浠水农业历史悠久，耕作技术精良，特色产品风靡市场。已建成商品粮、商品棉、低芥酸油菜、瘦肉猪、淡水鱼、速生丰产林和新型蛋鸡养殖七大生产基地。油料生产位于全国百强大县之列。“芝麻湖藕”“策湖螃蟹”为明清两代贡品，被列入《中国菜谱》。

浠水特色农产品丰富，其中，“茅山螃蟹”后来畅销港澳市场，1999

年在中国农业产品博览会上获“湖北名牌产品”称号；“芝麻湖藕”与黄州豆腐、樊口鳊鱼、武昌酒并为鄂东四大名产，自明清以来被列为朝廷贡品；“巴河鱼面”以望天湖优质鲜鱼、高级面粉、生粉为主要原料，配有鸡蛋、精盐等佐料使用传统工艺制作而成，历史上曾作为朝廷贡品，封为御面，20 世纪 80 年代曾获农业部优质奖，2001 年度被农业部评为名优产品；“安息香”又名避疫香，为浠水老字号吴林茂香铺秘方配制而成，始创于清道光十八年（1838 年），此香清香扑鼻，有提神解乏、驱蚊避疫、去秽避暑和增食欲、促睡眠之功效。1938 年在巴拿马万国博览会上获金质奖章，又在南洋劝业展览会上三次获奖，并得到“天下第一香”的金字匾一块；“万重山牌双低油菜籽油”选用优质双低油菜籽精制而成，其脂肪酸组成中芥酸含量低（小于 5%）。经常食用能有效降低胆固醇，预防动脉硬化及血栓，且有利于人体吸收。该产品在全国名优特新产品（沈阳）博览会上获得金奖，2000 年被农业部授予“绿色食品证书”。此外“浠水绿茶”“浠水豆油”等也非常有名。

（二）文化特征

浠水的文化资源丰富。这里是著名爱国诗人、学者、民主斗士闻一多先生的故乡，也是陈潭秋、董必武、徐向前、刘伯承、邓小平、李先念等老一辈无产阶级革命家战斗和生活过的地方。

这里有“陈沆殿试试卷”。陈沆在清嘉庆二十四年（1819 年），参加殿试时第一甲第一名（状元）的策论试卷，气势雄浑，笔力奇健，现藏于县博物馆。浠水有“记者之县”的美誉。据浠水县委宣传部的不完全统计，散布在全国各地的浠水籍记者达千余名，其中具有高级职称的就有上百人，使得浠水“记者县”的称号不胫而走。这里有“巴河天狮”。巴河的天狮用金铂彩纸扎成，两根竹竿支起，由一个人举起来玩耍。传说巴河这种独特的天狮舞与他们的祖庭武落钟离山和始祖廪君极有渊源，武落钟离山位于长阳龙舟坪西南 30 千米处（相传是巴人祖先廪君诞生地及掷剑称王处），被湘鄂川黔土家人视为寻根祭祖的圣山，朝拜者络绎不绝。天狮洞洞口，雄踞一头由水浆石凝成的巨狮，清泉从狮胯下飞泻而出，蒸腾着缕缕白气，好似天狮一般。传说这头天狮就是巴族首领廪君的坐骑，东汉时期巴人“五溪蛮”暴动被镇压后，流放七千余口到鄂东巴水等五水地区，为了纪念先祖，巴人就把这种祭祀大礼的活动保留下来，一直流传至今。

这里的著名历史人物数不胜数。庞安时（1042—1099），字安常，本县麻桥人，出身于中医世家，为北宋名医，著有《难经辨》数万言、《主对集》《本草补遗》、《伤寒病总论》（九卷），在药理、医理、医疗诸方面，为祖国中医学留下了宝贵的财富，《伤寒总病论》（九卷）于 1957 年由商务印书馆特予印行，推为中医学经典著作。杨思义（生卒不详），明代官员。朱元璋即位时任户部尚书，明初经历战乱，百姓流亡，土地荒芜，他奏请朝廷下诏，招抚流亡，开垦荒地，广种麻桑，免税四年，以利民生，当时朝野上下，无不称赞其理政才能。闻一多，本名闻家骅，著名诗人、学者、爱国民主战士，代表作品有《红烛》《死水》《七子之歌》。1945 年，“一二·一”惨案发生后，他英勇地投身爱国民主运动，最后献出了宝贵生命。

三、蕲春县

（一）地理及经济特征

蕲春县位于湖北省东南部，长江中游以北，是著名的“教授县”，以人才辈出著称。蕲春县面积 2397.6 平方千米，总人口 110 万人（2017 年），辖 15 个乡镇和 2 个省管开发区，北依大别山，南临长江，风光秀丽，景色宜人。蕲春地处中国“中三角”中心地带，与武汉、南昌、合肥等大中城市同属“1 小时城市圈”，京九铁路、沪蓉高速公路、长江黄金水道、大别山腹地公路横贯全境，交通四通八达，来往十分便利。蕲春火车站位于京九铁路中点，是阜九段唯一处于城区的火车站。蕲春属亚热带大陆季风气候，四季分明，雨量充沛，气候温和，历年平均无霜期 249.1 天，降水量 1341.7 毫米，日照时数 2025.8 小时，农业生产气候条件优越。

蕲春县地形狭长，形如船帆，地势北高南低，地貌复杂。北部为山区，层峦叠嶂，峡谷幽深，风光峻美；中部为丘陵地带，冈峦起伏，绿树成荫，风景旖旎；南部为平畈围区，湖泊棋布，港汊纵横，渔稻飘香。境内最高点为青石镇的云丹山主峰，海拔 1244.1 米，最低点为八里湖农场的龙凤寺闸，海拔 12 米。

蕲春全县养殖面积达 16 万亩，其中精养鱼池 6.5 万亩，湖库 6 万亩，塘堰 3.5 万亩，特别是沿江滨湖的七个乡镇场，渔业基地的连片开发和规模经营已成格局，水产综合实力位居鄂东大别山第三，跻身全省水产大县行列。水产业成为蕲春农业的重点支柱产业之一。

蕲春主要农作物有水稻、小麦、大麦、棉花、油菜、高粱、玉米、马铃薯、大豆、蚕豆、豌豆、绿豆、黄豆、花生等；蕲春珍米为全国七大名米之一；油姜、山药、绿茶、螃蟹均品质独具，久负盛名。《本草纲目》记载的 1892 种药物中，蕲春出产 700 余种，其中不乏名贵品种。蕲春是鄂东大别山蕲春珍稻主要分布区，已新建优质稻板块基地 65 万亩，取得无公害农产品认证 74 个，绿色食品 9 个，有机食品 1 个，蕲春珍米、蕲艾获国家地理标志。蕲春已发展农民专业合作社 140 多家。

（二）文化特征

蕲春历代名人辈出，宋代有参与纂辑《太平御览》《太平广记》等巨型类书的文学巨擘吴淑；明代有伟大的中医药学家李时珍，著名战将康茂才；清代有著名文学家顾景星、陈诗，首创中国海运的陈銮；近代有辛亥革命先驱詹大悲、田桐，训诂学家、“章黄学派”创始人黄侃，“一二·九”运动组织者、华北抗日联军司令董毓华，著名诗人、文艺理论家、文学翻译家胡风等。

蕲春县是著名的“医药文化县”，是世界文化名人李时珍故里所在地，现为首批国家中医药健康旅游示范区。蕲春药材资源丰富，常用中草药不下 400 种。蕲州在明代中期就是全国著名的中草药进出港口和商埠，其药材“吞吐量为江淮之冠”。1996 年国家确定蕲州的中药材专业市场为全国 17 个专业药材市场之一。蕲春县被列为国家杜仲、厚朴生产基地县，现有 170 余个药材种植场，种植面积达 20 万亩。其中，李时珍药物种植场为全国重点药材种植基地。

蕲春是著名的“教授县”。到 2012 年，蕲春籍教授、副教授人数达到 4300 多位（县博物馆统计数据），遍布海内外，故有“教授县”美誉。蕲州东长街走出教授博士 126 位，有“博士街”之称。赤东镇范铺村堪称“教授县”里的“教授村”，110 多位专家、教授出自同一个村。据蕲春县教育部门统计，北京大学有蕲春籍教授 15 人，武汉大学和华中科技大学各有蕲春籍教授 50 人，全国大学 100 强中有蕲春籍教授 260 人。还有中国社会科学院学部委员（相当于院士）3 人，长江学者 1 人，外籍院士 1 人，香港特别行政区资深院士 1 人、院士 1 人，有享受国务院颁发的政府特殊津贴、有突出贡献的专家学者 31 人。

蕲春县早在 1984 年就成立了诗词组织，创办了濒湖诗社、诗词学会、楹联学会等机构，有中华诗词学会会员 32 人，湖北诗词学会会员 68 人，黄冈东坡赤壁会员 216 人，其中，百余名会员出版有个人诗集。

除全国重点文物保护单位李时珍墓外，蕲春的省级重点文物保护单位很多，有毛家咀遗址、坳上湾遗址、黄侃墓、顾景星墓、蕲州北门、羊角尖舍利塔、达城庙、万年台戏楼、金陵书院、昭化寺、仙人台庙、三角山摩崖题刻、詹大悲墓、高山铺战役总指挥部旧址等。

蕲春特色地标产品负有盛名，特别是享有“蕲春四宝”美誉的“蕲蛇、蕲竹、蕲龟、蕲艾”已经在国内外形成了较大影响。

四、黄梅县

（一）地理及经济特征

黄梅县位于鄂、赣、皖三省交界处，长江中游北岸，鄂东大别山中部，南临长江黄金水道，扼八方之要衢，自古称“七省通衢”“鄂东门户”。全县版图面积 1701 平方千米，辖 16 个乡镇，总人口 104 万（2017 年）。黄梅县地处东经 115°43′~116°07′、北纬 29°43′~30°18′，属亚热带季风气候。黄梅县西与武穴市毗连，北与蕲春县山水相依，东邻安徽省安庆市，南隔长江与江西省九江市相望。

黄梅县地处大别山丘陵向长江冲积平原过渡地带，地势北高南低，呈三级阶梯状倾斜。北部山地属大别山脉，中部为丘陵及垄岗平原，中南部为湖泊，东有龙感湖，西有太白湖，南部为滨湖沉积平原和沿江冲积平原，平原和湖泊占全县总面积的 78%。黄梅山地、丘陵和平原、湖区面积各半，源于山区的古角、垅坪、小溪、考田四河，自北向南流入龙感、太白二湖。古角、垅坪、考田三水库高踞北部山区，干支渠依地势分布于上半个县的丘陵地区。长江流经县南部分长达 58.87 千米，沿江有小池、二套口、李英等港口。

黄梅县是鄂东大别山区域的“鱼米之乡”。全县耕地面积 86.97 万亩，山林 50 万亩，水体面积 30 余万亩（其中可养水面 23.6 万亩），黄梅也是全国商品粮基地、优质棉基地、湖北省水产重点县。县城东南约 15 千米处的龙感湖，是全省四大淡水湖之一，在 2001 年已被列为省级自然湿地保护区，并在 2009 年被列为国家级自然保护区，总面积 21 万亩，可供开发水面 12 万亩，盛产天然名贵水产品，鱼肥水美，荷香菱甜。

（二）文化特征

黄梅建县于隋开皇十八年（598 年），因域内有黄梅山、黄梅水而得名，距今已有 1400 多年的历史。因地处吴头楚尾，荆楚文化与吴越文化在此激荡交融，形成了独特的黄梅文化。

黄梅人文历史悠久，旅游名胜古迹众多，全县拥有各类文物景点 200 多处，县中有省级保护单位 7 处，县级文物保护单位 111 处，有驰名中外的“禅宗祖庭”“四祖寺”“五祖寺”，有中华长梅寿星、蔡山晋梅，有新石器时代的焦墩遗址，有南北朝诗人鲍照墓，岳飞之子岳震、岳霆墓，宋代乱石塔，有避暑山庄挪步园、大源湖风景区、柳林乡漂流旅游村等，这些已与江西的庐山、石钟山，安徽的九华山、黄山，黄州的东坡赤壁等连成跨省旅游网络。

黄梅是驰名中外的佛教禅宗发祥地，是全国五大剧种之一黄梅戏的发源地，还是闻名全国的“挑花之乡”“楹联之乡”“诗词之乡”“武术之乡”。“黄梅戏”“黄梅挑花”和“黄梅禅宗祖师传说”先后入选国家级非物质文化遗产名录。

黄梅挑花曾荣获巴拿马世界博览会金奖，并作为民间艺术珍品陈列在人民大会堂湖北厅。黄梅是驰名中外的佛教禅宗圣地，这里诞生了中国佛教禅宗四祖道信、五祖弘忍、六祖慧能。四祖寺是中国佛教禅宗第四代祖师道信大师的道场，它位于黄梅县城西北 15 千米的西山之中，寺庙创建于唐武德七年（624年），是中国禅宗第一所寺院。五祖寺由禅宗五祖大满禅师弘忍于唐永徽五年（654年）创建，位于黄梅县东12千米的东山，当时称东山寺，后世改称五祖寺，是佛教禅宗五祖弘忍大师说法道场，也是六祖慧能大师得衣之地。五祖寺和四祖寺不但在中国佛教发展史上占有重要地位，而且在国际上，特别是在日本、印度、韩国、东南亚和中国港澳台等国家和地区享有盛誉。

第三节　南部、西南部大别山山麓沿江带情况概述

鄂东大别山区域南部、西南部大别山山麓沿江带主要是指鄂东境内大别山南麓山脉延伸至长江沿岸部分，包括黄州区、武穴市、龙感湖管理区，以及浠水、蕲春、黄梅3县南部长江一线，这里地形以长江冲积平原为主，土壤肥沃，雨水充沛，适宜种植业和水产养殖业发展。

一、黄州区

（一）地理及经济特征

黄州区位于湖北省东部，鄂东大别山区域的西南部，长江中游北岸，是黄冈市政治、经济、文化中心，东临巴水，与浠水县相邻，西南滨长江，与鄂州市相望，西北、东北与团风县接壤，距武汉市仅1小时车程。黄州区地势为东北部高，西部、南部低，为江河冲积地带，以平原为主，丘陵、岗地兼有，境内多湖泊。黄州区气候属于亚热带季风气候，海拔在14.2~186米，相对高差小。版图面积353平方千米，人口40万（2016年），南北长26千米，东西宽24千米。

黄州区地层以白垩第三系东湖群及第四系为主，由东北低丘岗地和西南滨江冲积平原组成，主要为平原湖区。黄州区土地资源丰富、质量较好，利用率高。按照全国耕地类型区、耕地地力等级划分，黄州区1~4级耕地总面积10.14万亩，其中水田4.7万亩，旱地5.4万亩。全区1级耕地（高产稳产土地）面积为2.2万亩，占耕地总面积的21.7%；2级耕地

（中等肥力水田和旱地）面积为4.6万亩，占耕地总面积的45.9%；3级耕地（低产稻田和一般旱地）面积为3.1万亩，占耕地总面积的30.4%；4级耕地（对农业生产有较强限制、种植作物选择性强、排灌条件差、不保收的耕地）面积为0.2万亩，仅占耕地总面积的2%。

黄州区的东西滨河和南面滨江一带属长江及支流巴河冲积平原，呈甲鱼裙状，面积约240平方千米，占全区版图面积的68%。海拔在14.2~50米，地势平缓，湖泊密布，便于耕作，适宜养殖，盛产棉花、小麦、蔬菜等。中部为低丘岗地，面积约113平方千米，占全区版图面积的32%。海拔一般低于60米，相对高差小于35米，起伏较小，地势平坦，呈放射状伸入田垄，土层深厚，主要盛产水稻。

黄州区拥有较多特色农产品，其中著名地理标志产品有黄州萝卜、叶路大蒜、黄州豆腐、黄州烧梅、东坡饼等。

（二）文化特征

古城黄州，西临浩瀚长江，东依苍茫大别山，苏东坡赞叹“江山如画”，是享誉中外的历史文化名城。黄州城有着悠久的历史，与华夏文明同步的螺蛳山新石器时代遗址，开启了黄州文明的先河。邾城是名噪秦汉三国西晋的大都邑，西阳城是维系东晋南北朝兴衰更迭的军事重镇，唐宋元时期黄州城以“名邦”称雄江淮，明清时期黄州府城是大别山南麓长江中游北岸的政治中心和军事要地。黄州区有东坡赤壁、禹王城、安国寺、青云塔等名胜古迹。黄州先后被授予全国历史文化名城、中国民间艺术之乡、全国双拥模范城、省级基础教育名城等称号。

黄州民俗文化尤以唐家渡舞龙、黄州点子、东坡饮食文化最为出名。唐家渡舞龙俗称“龙灯”，因黄州区唐家渡村而得名。古时候多发瘟疫与旱灾，清嘉庆年间（1800年前后），在甲子年春节期间，人们按五龙（黄龙、白龙、红龙、金红龙、乌龙）的颜色备制五条龙灯，命名为“五龙奉圣”，舞龙谢神，祈祷降雨、收疫、祛灾、赐福，相沿成习。唐家渡舞龙有固定的习俗程式，每年腊月十八，请回龙头、龙尾，穿龙衣；腊月二十到“三官寺”由寺庙僧人举行开光仪式后游本坛（指唐家渡村村民居住地）；正月初五至十五，舞龙活动在本村及方圆数百里的周边村镇进行，有时还前往新洲、鄂州、大冶等地；正月十五送灯、化灯，化灯时，由道士按照一定的道规进行，热闹非凡。舞龙时，按照八字花型舞动，龙灯每到一地，舞龙灯里有会唱喝彩词的人根据当时的情况进行喝彩，唱些祝福的词。

黄州点子俗称“牌子锣鼓”或“丝弦锣鼓”，黄州人叫“地锣鼓”，外地人称“黄州点子”。“黄州点子”器乐由打击乐和吹奏乐合奏的“曲牌”与由打击乐演奏的干“点子”（锣鼓经）组成，由10人左右组成的民间吹打乐班来吹打。依据乐器组合、曲牌运用及演奏方式的区别，分为“丝弦锣鼓”和“地锣鼓”两个类别。“丝弦锣鼓”流行在原黄冈县北部山区；“地锣鼓”（俗称“牌子锣鼓”），全境流行。

东坡饮食文化是黄州区的传统民俗文化。宋神宗元丰元年即公元1078年，一代文学巨匠苏轼被贬黄州，至元丰七年（1084年）调离。在此期间，他不仅以其辉煌的文学作品使黄州声名远播，更以其旷达的人生品格、遇事善于琢磨研究的精神，在与黄州人交往中，注意研究烹饪艺术，特制了东坡菜和东坡小吃。贬居黄州期间，是苏东坡制菜、作点、酿酒最多的时间。据丁永淮先生《东坡菜和东坡小吃》统计，东坡菜凡六十六类，其中三十五类为苏轼在黄州时期所研制，七种东坡酒中就有东坡蜜酒、黄州“压茅柴”酒在黄州酿成。并且，每一道东坡菜和每一种东坡小吃的制作，都有一个生动的故事，东坡先生都留下了一首通俗的诗歌，成为黄州优秀传统文化中与东坡文学文化遗产并肩比美的辉煌亮点。东坡菜、东坡小吃和东坡酒奠定了黄州东坡系列饮食文化的基础。在他之后的九百多年中，黄州地区的人民群众和有志之士，不仅继承他流传下来的系列饮食文化制作方法和技巧，还沿着他的研究方向，继续研制出了更多新的饮食种类的品牌，使东坡系列饮食文化成为社会财富和优秀的非物质文化遗产。

二、武穴市

（一）地理及经济特征

武穴是一座美丽的江城，地扼吴头楚尾，素有“三省七县通衢”“鄂东门户”和“入楚第一港”之称。前身为广济县，古称“佛国”，取“广施佛法，普济众生”之意。全市版图面积1246平方千米，北部为大别山余脉，中部丘陵起伏，南部为带状长江冲积平原，辖4个街道、8个镇、324个行政村，耕地面积50万亩，总人口87万人（2018年）。1987年，经国务院批准，撤县建市。武穴市东西最大横距43千米，南北最大纵距42千米。武穴港是长江十大深水良港之一，中国最长的铁路京九铁路和中国最长的高速沪渝高速出入口，使武穴成为中国少见的“三长”交会之地，处在中国实施梯度开发战略的“接合部”，成为湖北长江经济走廊建设和边缘发展战略的重点倾斜地区。

武穴市拥有中国绿化模范县市、湖北省园林城市、湖北省文明城市、黄冈市文明城市、中国武术之乡、中国科技先进市、中华诗词之乡等荣誉称号。

武穴地势北部高而东南部低，自北向东南倾斜，构成了以平原丘陵为主的地貌结构。北部为连绵起伏的低山，中、西部是丘陵，南部和东南部是平原。在低山、丘陵中分布着盆地和谷地，平原中分布着一些洼地。山地主要分布在市境北部边缘地带，由大别山二支脉太平山、横岗山组成，面积84.53平方千米，占总面积的7.04%。丘陵主要分布在中部、西北部和西南部一角，面积约397.96平方千米，占总面积的33.15%，按形态分为高丘和低丘。高丘分布在中部偏北，紧邻低山地带，丘高而密，坡度一般小于20°，沟谷比较开阔，水田比重大，土层深厚，宜发展农、林、牧业；低丘主要分布在中部，岗坡和缓，岗垄相间，发展粮、棉、油、苎麻和柑橘的条件极为优越。平原分布在仓头埠—大金铺—花桥—郑公塔以南至长江沿岸，按成因分为长江冲积平原和湖积平原。长江冲积平原包括沿江田家镇、武穴、龙坪一带。湖积平原分布在县境南部和东部滨湖地区，湖泊密布，土质肥力较高，灌溉便利，发展粮油生产和水产养殖条件优越。

武穴北部由大别山脉支脉横岗山构成低山丘陵，富林特产；南部为长江中下游平原的组成部分，水网稠密，盛产稻、麦、油菜。武穴是全国闻名的粮食生产大县、油菜之乡和长江中下游优质水果基地，是湖北省唯一的粮棉油综合高产示范市和“吨粮田”“双百棉”同时达标的县市。武穴的特色农产品丰富，主要有武穴山药、武穴生姜、武穴豆泡、武穴龙坪银丝细油面、武穴酥糖、武穴大金板鸭、武穴翡翠卷鲜、武穴春燕皮蛋、广济桂米、武穴双低油菜等。

（二）文化特征

武穴市历史悠久，据考古学家在境内大金镇尺山遗址发现，远在新石器时代（3000~5000 年以前），武穴就有人类活动。武穴地处鄂皖赣毗连地区，先民多来自五湖四海。武穴自古受吴、楚文化双重影响，其传统习俗与其他地区交流融合，兼收并容，以汉俗为基本礼俗，具有一定的地方特征。人民群众敦厚淳朴，勤劳克俭，重孝义，知廉耻，勇悍倔强的习性世代相传。

武穴前身为广济，取“广施佛法，普济众生”之意，尤以宗教文化最为著名，在唐朝便有“千庙之县”的盛名，境内宗教文化活跃。佛教、道教始传于东晋时期，清朝末年，基督教、天主教先后传入。据清康熙丁未《广济县志》载，佛教净土宗创始人之一慧远于东晋太元初（376—380 年）卓锡广济，在双河口（今蓝杰村老虎垅附近）立寺庙。南北朝时，在梅川出生的司马道信 7 岁从僧学经、14 岁师事禅宗三祖僧粲，后继承其衣钵，是为禅宗四祖。武穴境内从东晋太元年间至唐代有道教活动。宋代梅川建有道观。明代，境内道教兴盛，有道观 7 座。著名道观有玄妙观、武当观、善潭观、清水观等。基督教又名耶稣教，清同治四年（1865 年）传入境内。这一年，有英国传教士希尔来武穴，在船民中从事传教活动。同治十年（1871 年），英国循道会先后派传教士计有 6 人，并在梅川、武穴、龙坪、田家镇设立教堂。

武穴流行采茶调（或称调儿戏、广济采茶戏）、文曲戏、黄梅戏等地方剧种，有独立的黄梅戏团（现已改为武穴市文曲戏剧团）。武穴市地处古代荆州和扬州的分界，武穴市大部分居民都是明朝以前从江西赣抚平原（瓦屑坝）一带迁入，保留着明显的赣地风俗和语言习惯（赣语）。民风重教，婚丧、生子、节日、房屋落成等仪式保留较多传统汉族习俗。饮食注重土菜，不避辛辣。

武穴是著名的“武术之乡”，武术文化底蕴深厚。武穴是岳家拳传承发展地。宋绍兴十一年（1141 年）岳飞蒙难后，其子岳震、岳霆和部分将士隐居广济县（今武穴市）养马岭村，与遗留下来的岳家军将士一起研习岳家拳术，岳家拳自此得以发展，并散播民间，至今已 860 余年。2008 年，武穴岳家拳被国务院批准为第二批国家级非物质文化遗产。岳家拳已成为武穴的文化品牌，该市多次派武术代表团前往中国香港、中国台湾地区交流表演，特别是在香港国际武术大赛中，勇夺七金十银，使武穴岳家拳誉满香江。

武穴方言别具特色。由于地理和历史的原因，武穴方言融会了西南官话、下江官话、北方官话的河南话和赣方言，是一种难以划入某种确定的方言区的特殊“楚语”，也可以说是一种混合性的方言。在语法方面，一些句型的词序与普通话有别。在词汇方面，遗留有较多的楚语古词，还融会了许多外来词。凡外来者、商旅者无不感到武穴民间称谓奇特。比如，称祖辈为“爹”，称父辈为“爷”，称母亲为“易”，称妻子为“马马”等。

三、龙感湖管理区

（一）地理及经济特征

龙感湖管理区的龙感湖是一个位于中国湖北省和安徽省交界处的淡水湖泊，为安徽省安庆市宿松县和湖北省黄冈市黄梅县共有，湖泊总面积 420 平方千米。长江千里奔腾向大海，在流出湖北的一刹那，蓦然回首，在鄂东赣北小池口，划出一道美丽的弧，弧圈里的一块地名叫龙感湖。

龙感湖管理区位于长江北岸，鄂东大别山南侧，地处鄂、皖、赣三省交界处，为鄂东大别山南麓汇水区，陆地版图面积 100 多平方千米，总人口 3.9 万。龙感湖管理区属于亚热带湿润季风气候区，冬冷夏热，四季分明，光照充足，气候温湿，雨量充沛，无霜期长。夏秋季为丰水期，汛期来水量多达 2.3 亿立方米；冬春季为枯水期，水深 1~2 米，形成滩涂、沼泽。与人工湿地相连的生态系统，为湿地水禽提供优良的避风场所，使这里成为鸟类的天堂。

龙感湖自然保护区是我国长江中下游重要的湿地保护区之一，长 22 千米，最大宽度为 8 千米，水陆总面积为 33.48 万亩，其中核心区面积为

12.10 万亩、缓冲区面积为 10.94 万亩、实验区面积为 10.21 万亩。该区是地理环境、生物资源最为复杂和丰富的地区，是众多候鸟集中栖息地。

龙感湖具有丰富的生物多样性特征。这里不仅是长江水系重要的鸟类天堂，也是特有的鱼类故乡，分布有短颌鲚、长江银鱼、河北圆口鲴、拟尖头鲌、团头鲂、武昌副沙鳅、紫薄鳅、似刺鳊鮈、亮银鮈、光唇蛇鮈、细体拟鲿、黑尾央等长江水系特有鱼类，还有日本鳗鲡、鲻、鳡等珍贵洄游鱼类。1956 年经国务院批准设立的湖北省国营龙感湖农场，在 1996 年成立了黄冈市龙感湖管理区。目前龙感湖管理区以建设“湿地保护区、纺织工业区、农业示范区、科技辐射区”为发展思路，以全面进行体制机制创新、创建循环经济的样板田为特色，描绘崭新龙感湖的宏伟蓝图。

龙感湖自然保护区丰富的植物资源和发育完好的植被为各类动物提供了良好的繁衍生息的场所。据调查统计，龙感湖自然保护区分布野生动物 472 种，其中浮游动物 94 种、底栖动物 80 种、鱼类 65 种、鸟类 164 种、两栖类 12 种、爬行类 28 种、兽类 29 种。国家一级保护动物有黑鹳、东方白鹳、白头鹤、白鹤和大鸨 5 种；国家二级保护动物有黄嘴白鹭、鸳鸯、大天鹅、小天鹅和灰鹤等 25 种；列入《濒危野生动植物种国际贸易公约》附录的有白眉鸭、东方白鹳等 28 种；列入《中华人民共和国政府和日本政府保护候鸟及其栖息地环境协定》的有金腰燕、灰鹤、白头鹞等 73 种；列入《中华人民共和国政府和澳大利亚政府保护候鸟及其栖息地环境协定》的有白眉鸭、水雉等 22 种；国家保护的有益的或者有重要经济、科学研究价值的野生动物 164 种。其中，白头鹤种群数量多达 425 只，占全球种群数量的 3.37%；黑鹳种群数量多达 54 只，是鄱阳湖自然保护区公开报道最大种群 21 只的 2.6 倍，是迄今为止我国发现的最大的越冬种群之一。

（二）文化特征

龙感湖形成历史悠久。春秋战国时期，龙感湖与今江西省境内的鄱阳湖连为一体，称彭蠡泽。东汉时期，龙感湖与鄱阳湖分离，经过多年发展演变便有了今天的龙感湖及龙感湖管理区。

龙感湖管理区最有名的是“雷池”。“不越雷池一步”的典故就来源于此。典出东晋庾亮《报温峤书》:“吾忧西陲过于历阳，足下无过雷池一步也。”庾亮是晋明帝皇后的哥哥，明帝死后晋成帝即位。由于晋成帝年幼，庾亮被任命为中书令执掌朝政。东晋自洛阳迁都南京后，为防西夏侵犯，庾亮遣征西将军陶侃镇守武昌（今鄂城），平南将军温峤驻兵寻阳（今黄梅）。寻阳位于武昌与南京之间，为当时控扼吴楚荆扬咽喉之地。温峤驻军于此，既可策卫京师，又可西援陶侃。不过，庾亮对陶侃也不放心。温峤到任不久，庾亮得到历阳太守苏峻企图起兵谋反的情报，并没有马上采取果断行动，而是想设计诱骗苏峻到都城建康（今南京）做大司马，然后伺机将其铲除。苏峻接到朝廷的通知后，敏感地觉察到朝廷已对自己的举动有所怀疑，索性先发制人发兵进攻都城建康。温峤得到苏峻谋反的消息后，一方面，派人请求庾亮允许他率兵进入建康保卫京都；另一方面，号召将士们做好迎战准备。庾亮对苏峻的反叛力量估计不足，认为温峤那里的防务非常重要，不希望他率兵来护卫都城，故写信告诫温峤“无过雷池一步”。由于庾亮错误低估了苏峻叛军的力量，温峤又在江州按兵不动，所以苏峻得以进攻建康长驱直入。尽管庾亮率军迎战，建康还是陷入了苏峻之手。

另外，龙感湖管理区的鸟文化在当地繁荣发展。在龙感湖的四季里，随处可见各种鸟类，有天鹅、灰雀、大白鹭在此越冬；有水雉、须浮鸥在此繁殖；有鹤鹬在此停留。在龙感湖管理区，人鸟同行、天然和谐。龙感湖人宁愿自己少收获一些庄稼，也绝不喷洒剧毒农药，绝不驱赶鸟类，更不会去捕捉鸟类，而是与鸟类同生共长。

第三章

鄂东大别山区域北部、东北部大别山山脉带旅游资源研究

鄂东大别山区域北部、东北部大别山山脉带旅游景点，主要是地处鄂东大别山北部及东北部的红安、麻城、罗田、英山4个县（市）的旅游景点。这4个县（市）紧密相连，具有共同或相似的地理特征、地质特征、生物景观特征、生态景观特征、红色文化特征等，其旅游资源及文化内涵极其丰富。

第一节　红安县旅游资源研究

一、红安县旅游资源概况

红安红色文化资源主要由两个方面组成。一是革命文物遗址遗迹资源。红安是全国12个重点红色旅游景区、30条红色精品线路和100个红色旅游经典景区之一。该县有国家级文物保护单位5处41个点，湖北省级文物保护单位16处23个点，县级文物保护单位168处，伟人、将军故居64处，在全国实属罕见。二是革命文化资源。主要是革命战争年代的民歌、民舞、民间曲艺、民间艺术、民间戏剧、民间文学等，如民歌有《八月桂花遍地开》《送郎当红军》《董必武回故乡》等200多首。

按照国家旅游局颁布的旅游行业国家标准《旅游资源分类、调查与评价》（GB/T 18972—2003），红安县境内旅游资源主要分为水域风光（B）、遗址遗迹（E）、建筑与设施（F）、旅游商品（G）四大类，具体统计情况

整理见表 3-1。

表 3-1 黄冈市红安县旅游资源类型统计表 （单位：种）

	红安县	具体类型
主类	4	B E F G
亚类	11	AA BA BB EB FA FC FD FE FE FF FG
基本类型	15	AAA BBB BAA FAB FAC FBB FCA FCG FDA FDB FDC FDD FFA FEA FGA

从表 3-1 可以看出，红安县旅游资源主类有 4 种；亚类有 11 种，分为综合自然旅游地、河段、天然湖泊与池沼、社会经济文化活动遗址遗迹、综合人文旅游地、景观建筑与附属型建筑、居住地与社区、归葬、交通建筑、水工建筑；基本类型 15 种，涵盖了山丘型旅游地、观光游憩河段、沼泽与湿地、康体游乐休闲度假地、宗教与祭祀活动场所、祭拜场馆、佛塔、摩崖字画、特色街巷、特色社区、名人故居、陵园陵区、桥、水库观光游憩区段等。

依照中华人民共和国国家标准《旅游景区质量等级的划分与评定》（GB/T 17775—2003）及国家旅游局颁布的有关评定细则，红安县境内旅游资源质量等级统计见表 3-2。

表 3-2 红安县旅游景区质量等级统计表（2019 年） （单位：家）

	红安县	黄冈市	红安县占黄冈市比例
AAA 级景区	2	36	6%
AAAA 级景区	3	19	16%
A 级景区总数	5	60	8%

按照《黄冈市旅游发展规划》（2012），红安县旅游资源可以分为四大类：红色资源、山林农业资源、文化资源和湖滨资源。红安县境内主要旅游资源属性统计见表 3-3。

表 3-3 红安县境内主要旅游资源属性统计表 （单位：处）

序号	单体名称	属性	已开发数量
1	湖北金沙湖国家湿地公园	湖滨资源	3
2	红安县香山湖水利生态旅游区		
3	对天河漂流		

续表

序号	单体名称	属性	已开发数量
4	李先念故居纪念园	红色资源	14
5	黄麻起义和鄂豫皖苏区纪念园		
6	七里坪镇长胜街景区		
7	王建安故居		
8	韩先楚故居		
9	郭天民故居		
10	郑位三故居		
11	董必武故居		
12	鄂豫皖省委、陂安南苏维埃政府旧址		
13	抗日干部训练班旧址		
14	西汪家湾革命旧址		
15	黄安三区农民协会旧址		
16	黄安县农民协会旧址		
17	红安县苏维埃政府旧址		
18	红安天台山	山林农业资源	1
19	陡山吴氏祠	文化资源	14
20	中国红安将军文化影视城		
21	红安将军红民俗文化村		
22	似马山摩崖石刻		
23	高桥河桥		
24	永寿桥		
25	桃花塔		
26	横山凹墓群		
27	天台山石刻		
28	红安天台寺		
29	红安大圣寺塔		
30	司马岩石刻		
31	祝家楼古民居		
32	九焰山遗址		

其中，已开发的红色资源有 14 处，山林农业资源有 1 处，文化资源有 14 处，湖滨资源有 3 处。各种类型旅游资源数量分别占总数比例分布如图 3-1所示。

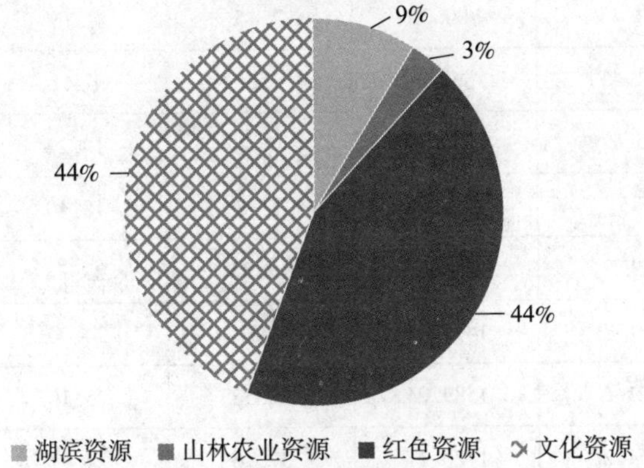

图 3-1　红安县旅游资源属性分布

二、红安县旅游产业规模研究

（一）旅游产业发展现状

红安县旅游业收入逐年上升，对黄冈市经济发展的贡献度逐步增加（如图 3-2 所示），红安县旅游收入占黄冈市旅游总收入及全市 GDP 的百分比具体见表 3-4。

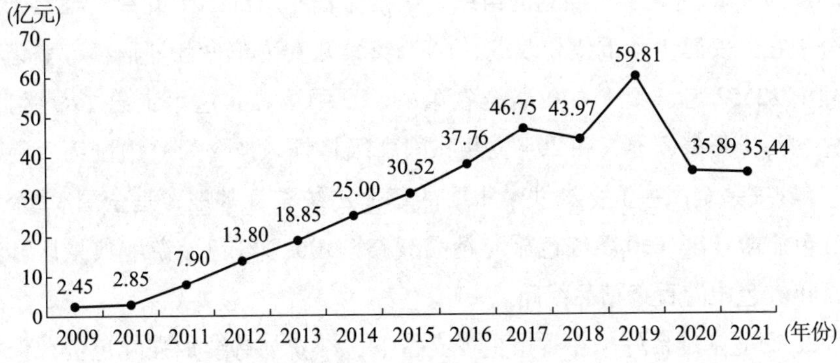

图 3-2　2009—2021 年红安县旅游收入

资料来源：《黄冈市统计年鉴》（2009—2021 年）。

表 3-4 红安县 2009—2021 年旅游收入情况表

年份	黄冈市		红安县		
	旅游收入（亿元）	GDP（亿元）	旅游收入（亿元）	占黄冈市旅游收入百分比（%）	占黄冈市 GDP 百分比（%）
2009	34.35	700.32	2.45	7.13	0.35
2010	44.45	862.3	2.85	6.41	0.33
2011	55.57	1045.11	7.9	14.22	0.76
2012	75	1192.88	13.8	18.40	1.16
2013	79.5	1332.6	18.85	23.71	1.41
2014	100.42	1477.15	25	24.90	1.69
2015	121.6	1589.24	30.52	25.10	1.92
2016	151.2	1726.17	37.76	24.97	2.19
2017	200.74	1921.83	46.75	23.29	2.43
2018	254.39	2035.2	43.97	17.28	2.16
2019	309.15	2322.73	59.81	19.35	2.57
2020	241.62	2169.55	35.89	14.85	1.65
2021	305.25	2541.31	35.44	11.61	1.39

资料来源：《黄冈市统计年鉴》（2009—2021 年）。

1. 红色资源富集。红安是黄麻起义策源地、鄂豫皖革命根据地的摇篮。1923 年即建立了早期党的组织，红四方面军、红二十五军、红二十八军分别在红安诞生、重建和改编，14 万英雄儿女为革命壮烈牺牲，登记在册烈士 22552 名，烈士人数居全省第一、全国第二。这里走出了董必武、李先念两位国家领导人和 294 位共和国高级将领，被誉为“中国第一将军县”。红安是全国一流、湖北最重要的革命传统教育基地，是全国 12 个重点红色旅游景区、30 条红色旅游精品线路、100 个红色旅游经典景区和建党百年红色旅游百条精品线路之一。

2. 产业基础良好。在省市重视支持下，红安县持续加强红色资源保护利用工作，相继成立了湖北红安革命纪念地管理中心，建成了湖北红安干部学院等一批革命传统教育基地，改扩建了黄麻起义和鄂豫皖苏区革命烈士纪念园、董必武故居、61 位开国将军故居，新建了鄂豫皖苏区中心烈士陵园和文化中心，配套建设了大别山红色旅游公路等一批基础设施，推出了《八月桂花遍地开》《两百个将军同一个故乡》《铁血红安》等 150 余部红色文艺作品。全县拥有 AAAA 级红色景区 3 家、AAA 级红色景区 6 家、红色研学培训基地 4 家，共有重要红色展馆 33 处，总建筑面积 3. 8 万平方米，发展旅游具有较好产业基础。"十三五" 期间游客接待量和旅游综合收入均保持 20% 以上增速。2021 年，全县接待游客 1107. 3 万人次，实现旅游综合收入 35. 44 亿元。

3. 政策机遇叠加。党的十八大以来，以习近平同志为核心的党中央高度重视红色基因的传承和传播。2019 年，习近平总书记在考察大别山革命老区时强调"革命博物馆、纪念馆、党史馆、烈士陵园等是党和国家红色基因库。要讲好党的故事、革命的故事、根据地的故事、英雄和烈士的故事，加强革命传统教育、爱国主义教育、青少年思想道德教育，把红色基因传承好，确保红色江山永不变色"。2021 年 2 月，国务院出台《关于新时代支持革命老区振兴发展的意见》，提出要弘扬传承红色文化、增强红色文化影响力，支持革命老区红色旅游高质量发展，建设红色旅游融合发展示范区。红安县谋划建设全国党史党性教育与红色旅游融合发展示范区，机遇难得、正当其时，也是贯彻落实习近平总书记重要指示精神、深入开展党史学习教育的实际行动。

（二）主要发展成效

1. 形成了一个共识。红安县与大别山其他红色旅游区相比，有着"红色旅游资源丰富、种类齐全、保存完好""红色旅游资源等级高""红色区域经历时间跨度大，持续时间长""中国第一将军县品牌唯我独有、认知度高"等优势，历届县委、县政府都把红色旅游作为全县战略性支柱产业来抓。2021 年以来，县委、县政府提出"融入大武汉，永葆红安红，建设大别山红色中心城市"战略目标，以一流标准创建全国红色旅游融合发展示范区、国家文物保护利用示范区、黄麻起义纪念园 AAAAA 级景区。

2. 提升了一批旅游基础设施。持续发扬老区精神，干中求助，采取"争、挤、募、引、融"等多种办法筹集建设资金，加大对旅游基础设施建设投入力度。近年来，累计投入资金20多亿元，建设了大别山红色旅游公路，加强了景区软硬件建设，提档升级了景区道路，完成了61位将军故居维修改扩建及景区配套工程，增强了可进入性。

3. 做实了一批优质文旅项目。坚持“打红色牌、走招商路、建大项目”的思路，持续做实了一批优质旅游项目。结合“十四五”规划编制，谋划了一批项目，其中，七里坪革命法庭1.3亿元；省文旅厅已将红安列为全省唯一一个革命遗址遗迹保护利用创建示范县，请省古建中心为红安做规划，并下拨前期项目经费500万元；省委宣传部拟将红安纳入长江文化公园省级投资项目。引进省交投打造武红高速红色驿站。引进联发投参与红安AAAAA级景区打造及运营。引进深圳鼎彝文旅集团打造红色演艺项目。引进中电建投资15亿元，按照PPP模式合作建设七里坪、高桥两个乡村振兴及红色文旅项目。引进奇创旅游集团，5年内投资不少于10亿元，打造红色文旅项目。

4. 开发了一批红色旅游景区景点。完成了黄麻起义和鄂豫皖苏区革命历史纪念馆、李先念故居纪念园、鄂豫皖中心烈士陵园等重大项目建设。复原建设了董必武故居纪念园，改造扩建了长胜街，修复了文昌宫、革命法庭，维修了红二十五军军部旧址、陂安南苏维埃政府旧址等30多处革命旧址，扩建了徐向前、韩先楚、秦基伟、王诚汉、陈锡联、王近山将军故居等项目。全力推进以黄麻纪念园为核心的大别山首家红色AAAAA级景区创建工作。

5. 打造了一批研学教育基地。湖北红安干部学院、大别山干部学院分院与新县大别山干部学院联手，打造“大别山红色研学基地”，青少年研学实践营地与省内青少年综合实践学校研学合作不断加强，先后有500多家企事业单位和学校与红安县签订共建研学基地协议，研学旅行每年可吸引游客100万人次。同时，为增强感染力和吸引力，还出版了《红安为什么这样红》《经典红安》等红色系列丛书，开发了《红安魂》《红安回响》《天明　天亮》等红色精品剧目。

（三）存在的问题

1. 开发模式较为单一。产品的商品化程度较低，存在创新开发不到位、缺乏人文内涵、特色不鲜明等问题。景区同质化倾向较为严重，存在景观规划单调、建筑千篇一律等问题，观光内容多为静态的、文物的陈列与展示，游客直接参与度较低，缺乏沉浸式、体验式的项目。这样就导致红安客源市场单一的现状。近五年来，从红安游客的旅游目的来看，来红安旅游的游客以红色旅游、党性教育、红色研学为主。从旅游的时间分布来看，每年的4—8月是旅游旺季，9月至次年的3月是旅游淡季。近三年红色旅游游客占比73%，绿色休闲和乡村旅游占比27%。2020年受新冠肺炎疫情影响，红安的旅游收入下降，直到9月，红色旅游才恢复到往年同比的平均水平。2021年党史教育、建党100周年等纪念活动使红安的红色旅游持续升温，游客占比达78%，绿色休闲和乡村旅游占22%。从游客的消费水平来看，来红安的游客消费总支出持续5年监测均为500元左右。消费构成以吃、住为主，占总消费的79%以上，游览、购物消费、市内交通等占比较小。从客源结构来看，来红安旅游的游客以武汉市和省内其他城市游客为主，占总客源的75%以上，省外及鄂、豫、皖三省周边游客占20%以上，我国粤港澳等地游客占5%。

2. 资源优势有待转化。旅游对红安县经济的促进作用十分有限，虽然红安县游客年接待量达到数百万人次，但是缺乏能吸引人、能留住人、能促进人消费的旅游项目，与红色旅游配套的相关商品、产业缺乏参与式、沉浸式、体验式的项目，缺乏拉动夜经济的项目，导致游客停留时间较短，一日游现象较为普遍，对旅游业的贡献较小。

3. 旅游专业人才匮乏。高水平的旅游人才储备不足，红色导游、讲解员队伍业务水平参差不齐，缺乏引领和指导旅游发展的专家团队。红安县现有持证导游22人，主要红色景区的现有讲解员也偏少。例如，黄麻起义和鄂豫皖苏区纪念园讲解员共20余人，长胜街景区讲解员共10余人，但是全县现实需求讲解员人数是100余人。这直接导致了现有讲解员讲解负担过重，也影响了讲解水平和服务水平。

第二节 麻城市旅游资源研究

一、麻城市旅游资源概况

麻城位于湖北省东北部、大别山中段南麓、鄂豫皖三省交界处，是中国菊花之乡、中国油茶之乡、中国板栗之乡、中国花岗石之乡和省级园林城市、卫生城市、文明城市，拥有杜鹃花、福白菊、玫瑰花、山茶花、杏花“五朵金花”。

麻城历史悠久，人文厚重，是名扬天下的红色古城。相传麻城因“献寿仙子”麻姑而得名。隋开皇十八年（598 年）设县制，1986 年撤县设市。明代，李贽、冯梦龙、“公安三袁”等竞相来麻城著书讲学，有 136 位进士入朝，这里培育了刘天和、李长庚、梅之焕等 10 位载入《明史》的名臣。“湖广填四川，麻城占一半”，麻城“孝感乡”为明清移民圣地。麻城是著名的“黄麻起义”策源地，这里诞生了红四军、红二十五军、红二十八军，走出了王树声、陈再道、许世友等 47 位共和国将军，其中乘马岗一镇就出了 26 位将军，被誉为“全国将军第一乡”。培育了“两弹一星”功勋、中国科学院院士彭桓武，中国工程院院士喻树迅，著名作曲家张敬安等一批杰出人才。

麻城山清水秀，花色似锦，是魅力四射的杜鹃花城。“人间四月天，麻城看杜鹃。”全市有 100 多万亩杜鹃林，其中，龟峰山有 10 万亩连片的古杜鹃群落，其面积之大、年代之久、密度之高、品种之纯、花色之美，中国一绝，世界罕见，被上海大世界吉尼斯总部评定为“中国面积最大的古杜鹃（映山红）群落”。有龟峰山、五脑山、烈士陵园、孝感乡都 4 个国家 AAAA 级景区，历史文化名村杏花村、麻城博物馆 2 个国家 AAA 级景区以及国家地质公园九龙山。2011 年以来，麻城接连被授予“中国映山红第一城”、“灵秀湖北”十大旅游新秀、全国县域旅游之星等称号，成为湖北旅游强市。

按照国家旅游局颁布的旅游行业国家标准《旅游资源分类、调查与评价》（GB/T 18972—2003），麻城市境内旅游资源主要分为地文景观（A）、水域风光（B）、生物景观（C）、遗址遗迹（E）、建筑与设施（F）五大类，具体统计情况整理见表 3-5。

表 3-5　黄冈市麻城市旅游资源类型统计表　　（单位：种）

	麻城市	具体类型
主类	5	A B C E F
亚类	14	AA BA BB BC CA EA EB FA FB FC FD FE FF FG
基本类型	18	AAA BAA BBB BCA CAA EAA EBF FAB FBC FCA FCG FCK FDC FDD FDF FEA FEB FFA FGA

黄冈市麻城市旅游资源主要亚类有 14 种，分为综合自然旅游地、河段、天然湖泊与池沼、瀑布、史前人类活动场所、社会经济文化活动遗址遗迹、综合人文旅游地、单体活动场馆、景观建筑与附属型建筑、居住地与社区、归葬、交通建筑、水工建筑。基本类型涵盖了山丘型旅游地、沼泽与湿地、悬瀑、林地、人类活动遗址、废城与聚落遗迹、康体游乐休闲度假地、宗教与祭祀活动场所、佛塔、摩崖字画、建筑小品、特色社区、名人故居与历史纪念建筑、会馆、陵园陵区、墓（群）、桥、水库观光游憩区段。

依照中华人民共和国国家标准《旅游景区质量等级的划分与评定》（GB/T 17775—2003）及国家旅游局颁布的有关评定细则，麻城市境内旅游资源质量等级统计见表 3-6。

表 3-6　麻城市旅游景区质量等级统计表（2019）　　（单位：家）

	麻城市	黄冈市	麻城市占黄冈市比例
AAA 级景区	1	36	3%
AAAA 级景区	4	19	21%
A 级景区总数	6	60	10%

按照《黄冈市旅游发展规划》（2012），麻城市旅游资源可以分为四大类：红色资源、山林农业资源、文化资源和湖滨资源。麻城境内主要旅游资源属性统计见表 3-7。

表 3-7　麻城市境内主要旅游资源属性统计表　（单位：处）

序号	单体名称	属性	数量
1	浮桥河国家湿地公园	湖滨资源	5
2	三河口水利风景区		
3	明山水利风景区		
4	麻城桐枧冲瀑布		
5	天景山大峡谷漂流		
6	麻城烈士陵园	红色资源	5
7	中共麻城县委旧址		
8	红四军成立旧址		
9	麻城城区六乡农民协会旧址		
10	麻城县苏维埃政府旧址		
11	麻城市龟峰山风景区	山林农业资源	4
12	五脑山国家森林公园		
13	清远山庄		
14	狮子峰省级自然保护区		
15	麻城市孝感乡文化园	文化资源	14
16	麻城市博物馆		
17	乘马会馆		
18	湖北麻城杏花村		
19	道观矶摩崖石刻		
20	余诚墓		
21	三星桥		
22	周道一塔		
23	喻家楼遗址		
24	雷氏祠		
25	王氏祠		
26	玉皇阁牌坊		
27	女王城遗址		
28	金罗家遗址		

其中，已开发的红色资源有 5 处，山林农业资源有 4 处，文化资源有

14 处，湖滨资源有 5 处。各种类型旅游资源数量分别占总数比例分布如图 3-3 所示。

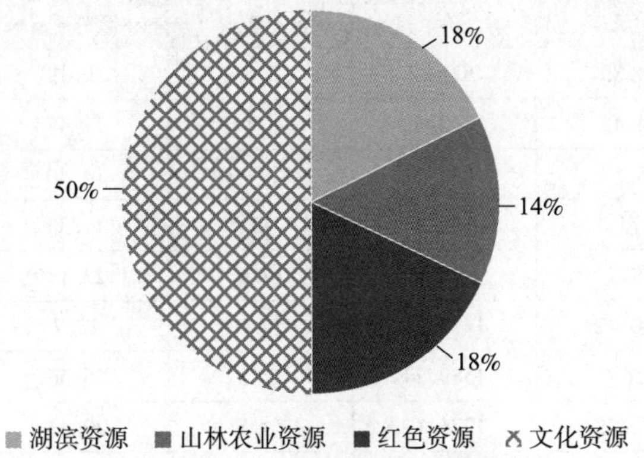

图 3-3　麻城市旅游资源属性分布

二、麻城市旅游产业规模研究

麻城市旅游资源丰富，区位优势明显，以“发展花经济　做好花文章”为战略指导，以争创龟峰山 AAAAA 级景区和国家全域旅游示范区为抓手，以打造全国知名旅游目的地和大别山文旅康养中心为目标，大力推进旅游业发展。

2021 年麻城市旅游人数 1125 万人，同比增长 21.9%，实现旅游综合收入 50.21 万元。

麻城市利用目前的旅游资源，大力开发旅游业。根据相关统计，2009 年后麻城市旅游收入进入快速增长阶段，具体情况如图 3-4、表 3-8 所示。

图 3-4　2009—2021 年麻城市旅游收入

资料来源：《黄冈市统计年鉴》(2009—2021 年)。

表 3-8　麻城市 2009—2021 年旅游收入情况表

年份	黄冈市		麻城市		
	旅游收入（亿元）	GDP（亿元）	旅游收入（亿元）	占黄冈市旅游收入百分比（%）	占黄冈市 GDP 百分比（%）
2009	34.35	700.32	3.5	10.19	0.50
2010	44.45	862.3	5.1	11.47	0.59
2011	55.57	1045.11	8	14.40	0.77
2012	75	1192.88	13	17.33	1.07
2013	79.5	1332.6	17.6	22.14	1.32
2014	100.42	1477.15	23.8	23.7	1.61
2015	121.6	1589.24	32.3	26.56	2.03
2016	151.2	1726.17	44.5	29.43	2.58
2017	200.74	1921.83	58.9	29.34	3.06
2018	254.39	2035.2	46.59	18.31	2.29
2019	309.15	2322.73	54.2	17.53	2.33
2020	241.62	2169.55	31.64	13.09	1.46
2021	305.25	2541.31	50.21	16.45	1.98

资料来源：《黄冈市统计年鉴》（2009—2021 年）。

（一）旅游产业发展现状

1. 交通区位优越。麻城是交通新城。“北京到九龙，麻城正当中。上海到成都，麻城处中途。”麻城位于武汉、郑州、合肥三个省会城市的地理中心，长江经济带与京九经济带的十字交叉处，是大别山地区交通枢纽城市。

2. 资源基础深厚。全市 A 级及以上旅游景区 11 家，三星及以上星级酒店 4 家，农家乐、民宿达 180 余家，省级旅游度假区 1 家，AAA 级旅行社 3 家，旅游业产业基础在黄冈市各县市区位居前列。此外，麻城文化底蕴深厚，有柏子塔、雷氏祠等 2 个国家级文物保护单位，东垸村、杏花村等 16 个中国传统古村落。全市收录非物质文化遗产资源 179 项，其中国家级非物质文化遗产 1 项（东路花鼓戏）、省级 5 项（麻城花挑、麻城东山老米酒酿造技艺、麻城东山吊锅、麻城皮影戏、麻城歧亭骨髓炎软膏组方与制作技艺）、黄冈市级 6 项。国家级非物质文化遗产代表性传承人 1 人，湖北省非物质文化遗产代表性传承人 6 人。现有不可移动革命文物 519 处，其中国家级文物保护单位 2 处，湖北省文物保护单位 18 处，黄冈市文物保护单位 7 处。丰富的文化资源为旅游业发展注入了灵魂和活力，促进了文旅融合的深入发展。

3. 政策支持有力。2014 年麻城市出台了《关于建设旅游强市推动旅游经济转型的若干意见》，为麻城市旅游业发展提供了强有力的政策支持。麻城第九次党代会报告、《关于新时代推动麻城高质量发展加快建成大别山区域性中心城市奋力挺近全国县域经济百强县市的实施意见》都明确提出要推进旅游业发展，黄冈市 2022 年政府工作报告、《湖北省旅游业发展“十四五”规划》明确提出要推进龟峰山 AAAAA 级景区创建工作。

（二）存在的问题

1. 缺特色项目。麻城旅游景区、旅游项目缺乏专业特色和核心竞争力，花卉旅游、红色旅游、生态旅游、乡村旅游等产品与其他地区相比，存在同质化严重、特色不明显、品质不高等短板。龟峰山、五脑山等龙头景区品牌效应不明显，带动作用不突出。旅游市场季节性明显，除茶花、杜鹃花、菊花等赏花旺季文旅市场短暂性繁荣外，全年其他时间旅游市场低迷。

2. 缺发展动力。2020 年以来，受新冠肺炎疫情影响，文旅行业受挫严重，国内局部性疫情多发，省际人员流动受限，旅游客源市场微缩，游客量减少，旅游景区、酒店、民宿等市场主体经营困难，资金周转压力大，宣传营销意愿不强，投资发展动力不足。

3. 资源利用不高。资源保护不力，大部分红色文化资源保护现状堪忧。市场起步较晚，资源整合力度不够，现有发展仍然是单点打造，不能做到集中连片。对历史文化、红色文化挖掘不够，亮点不突出，文创产品缺乏。

4. 产业融合不够。文旅产业链条延展性不足，与商业、农业等产业的融合度不够，不能很好对接武汉城市圈。旅游住宿、餐饮、娱乐、购物等旅游要素缺乏特色化、高档化供给，旅游人均消费水平低，文旅经济效益还有很大的提升空间。

5. 专业人才缺乏。基层压力负担重，文旅人才队伍总量与质量亟待加强。人才结构不合理，中高级技术人才老龄化现象突出，人才梯队形成断层，知识结构相对老化，而专业人员引进、后备人才培养不足。管理运营、产品开发人员缺乏，专业讲解人员较少，全市文化旅游服务质量提升受到掣肘，活力彰显不足。

6. 基础设施制约。城市功能不完善，休闲娱乐场所需求空间大。文化、旅游、体育基础设施仍然落后，配备不完善。道路交通短板制约城市旅游发展，一些传统村落、乡村旅游景点交通区位较偏僻，交通条件较落后，影响游客“走进来”。

第三节　罗田县旅游资源研究

一、罗田县旅游资源概况

罗田旅游资源极丰富。大别山逶迤绵亘，自古为兵家逐鹿中原之必争之地。刘邓大军千里挺进大别山更使这里威名远播。大别山藏龙卧虎、名人辈出。元末南方红巾军起义领袖徐寿辉、明朝原抗清义军首领王鼎、农民起义军马朝柱、京剧创始人之一的余三胜、京剧十大表演艺术家之一的余叔岩、明代著名医学家万密斋，都是从大别山中走出去的，这些名人资源为大别山的旅游开发提供了深厚的文化底蕴。

罗田县森林覆盖率68.5%、森林公园内覆盖率达89.5%。境内现有167科、616属、1487种植物和200多种珍稀动物，150多种名贵特产。其中板栗年产4万吨，是全国板栗第一县；蚕桑年产1100万斤，占湖北总产量的三分之一；茯苓是免检出口产品；甜柿是全世界唯一自然脱涩的品种，享誉海内外。此外，境内泉源丰富，喷口颇多。其中三里畈温泉资源热量和质量均居湖北省前列。地热面积1.4平方千米，取水平均温度63℃（高温井75℃）；水质类型为硫酸钠型，pH值7.18；含有多种对人体有益的锌、锶等微量元素，系医疗矿泉水。

罗田景色秀丽，大别山国家森林公园景观等级为胜景，自然景观以雄奇险幽著称，与庐山、峨眉山为同一个等级。公园总面积 300 平方千米，分设五大景区，园内天堂寨山雄水秀壑幽，薄刀峰松奇石怪峰险，青苔关山高关雄隘险，九资河古国遗风、田园风光，天堂湖湖光山色、垂钓乐园。其中天堂睡佛、大别神龟、将军峰被誉为天堂三绝，薄刀峰、卧龙岗等都是旅游景观之极品，旅游开发前景乐观。

按照国家旅游局颁布的旅游行业国家标准《旅游资源分类、调查与评价》（GB/T 18972—2003），罗田县境内旅游资源主要分为地文景观（A）、水域风光（B）、生物景观（C）、建筑与设施（F）四大类，具体统计情况整理见表 3-9。

表 3-9　黄冈市罗田县旅游资源类型统计表　（单位：种）

	罗田县	具体类型
主类	4	A B C F
亚类	10	AA BA BB BD CA FA FB FC FD FE
基本类型	11	AAA BAA BBB BDB CAA FAH FBB FCG FDA FDC FEA

黄冈市罗田县旅游资源主要亚类有 10 种，分别为综合自然旅游地、河段、天然湖泊与池沼、泉、树木、综合人文旅游地、单体活动场馆、景观建筑与附属型建筑、居住地与社区、归葬。基本类型涵盖了山丘型旅游地、观光游憩河段、沼泽与湿地、林地、动物与植物展示地、祭拜场所、摩崖字画、传统与乡土建筑、特色社区、陵区陵园。

依照中华人民共和国国家标准《旅游景区质量等级的划分与评定》（GB/T 17775—2003）及国家旅游局颁布的有关评定细则，罗田县境内旅游资源质量等级统计见表 3-10。

表 3-10　罗田县旅游景区质量等级统计表（2019）　（单位：家）

	罗田县	黄冈市	罗田县占黄冈市比例（%）
AAA 级景区	2	36	6
AAAA 级景区	2	19	11
A 级景区总数	4	60	7

按照《黄冈市旅游发展规划》（2012），罗田县旅游资源可以分为四大

类：红色资源、山林农业资源、文化资源和湖滨资源。罗田县境内主要旅游资源属性统计见表 3-11。

表 3-11　罗田县境内主要旅游资源属性统计表　（单位：处）

序号	单体名称	属性	数量
1	天堂湖湿地公园	湖滨资源	3
2	进士河漂流		
3	三里畈温泉		
4	罗田胜利烈士陵园	红色资源	2
5	泗洲山抗日石刻		
6	大别山薄刀峰风景区	山林农业资源	7
7	天堂寨风景区		
8	燕儿谷生态农庄		
9	圣人堂景区		
10	大别山国家森林公园		
11	老塔山		
12	九资河		
13	潘家垸	文化资源	8
14	肖家垸		
15	罗家大垸		
16	独尊山寨及真武庙		
17	吴氏节孝祠		
18	罗田文庙大成殿		
19	王葆心墓		
20	万密斋墓		

其中，已开发的红色资源有 2 处、山林农业资源有 7 处、文化资源有 8 处、湖滨资源有 3 处。各种类型旅游资源数量分别占总数比例分布如图 3-5所示。

二、罗田县旅游产业规模研究

在省市旅游主管部门的关心支持和正确指导下，罗田县大力推进“旅游兴县”战略，取得了一定的成效。2021 年全县接待游客 905 万人次，创旅游综合收入 36. 3 亿元，就业人口中旅游业从业人员占比 18. 5%，农民人均旅游收入近 2000 元，旅游收入占地方财政税收 12. 5%。

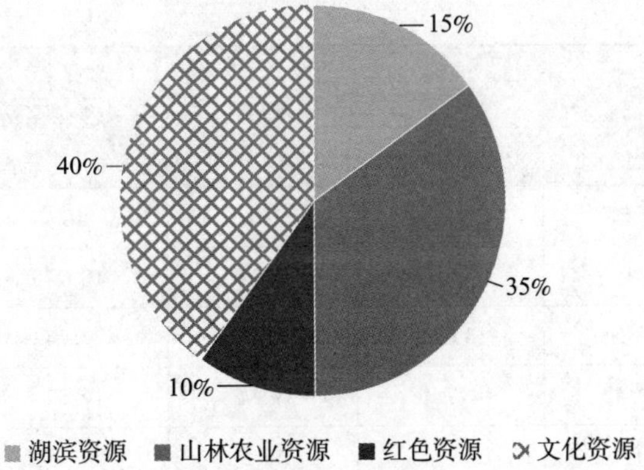

图 3-5 罗田县旅游资源属性分布

（一）旅游业发展现状

罗田县旅游收入增长稳定，从 2010 年起进入较快增长阶段，2019 年突破 60 亿元，受疫情因素影响，2021 年回落至 36.3 亿元。具体情况如图 3-6、表 3-12 所示。

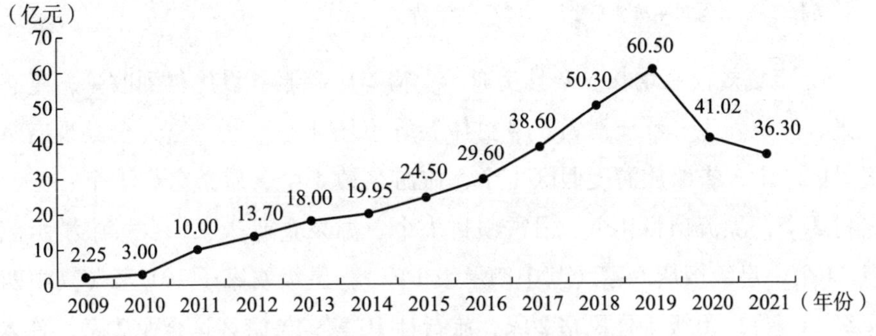

图 3-6 2009—2021 年罗田县旅游收入

资料来源：《黄冈市统计年鉴》（2009—2021 年）。

表 3-12 罗田县 2009—2021 年旅游收入情况表

年份	黄冈市		罗田县		
	旅游收入（亿元）	GDP（亿元）	旅游收入（亿元）	占黄冈市旅游收入百分比（%）	占黄冈市 GDP 百分比（%）
2009	34. 35	700. 32	2. 25	6. 55	0. 32
2010	44. 45	862. 3	3	6. 75	0. 35

续表

年份	黄冈市		罗田县		
	旅游收入（亿元）	GDP（亿元）	旅游收入（亿元）	占黄冈市旅游收入百分比（%）	占黄冈市 GDP 百分比（%）
2011	55.57	1045.11	10	18	0.96
2012	75	1192.88	13.7	18.27	1.15
2013	79.5	1332.6	18	22.64	1.35
2014	100.42	1477.15	19.95	19.87	1.35
2015	121.6	1589.24	24.5	20.15	1.54
2016	151.2	1726.17	29.6	19.58	1.71
2017	200.74	1921.83	38.6	19.23	2.01
2018	254.39	2035.2	50.3	19.77	2.47
2019	309.15	2322.73	60.5	19.57	2.6
2020	241.62	2169.55	41.02	16.98	1.89
2021	305.2	2541.31	36.3	11.89	1.43

资料来源：《黄冈市统计年鉴》（2009—2021 年）。

1. 市场规模有增长。全县交通、食宿等旅游服务设施得到改善，生态观光、温泉养生、漂流滑雪、乡村体验等市场业态不断丰富，全县现有 A 级景区 7 个，省级旅游度假区 1 个，旅游名镇 1 个、旅游名街 1 个、旅游名村 2 个，漂流项目 4 个、滑雪项目 1 个、温泉企业 2 家，乡村旅游示范点 34 个，星级饭店 8 家（其中四星级 1 家），星级农家乐 101 家（其中四星级 11 家），市级十佳民宿 2 家，旅行社 10 家，旅游客运企业 2 家。总体来看，围绕旅游的投资、建设热度不减，在旅游品牌、旅游项目、接待能力等方面呈增长态势，具有一定的规模效应。

2. 旅游企业支撑不强。根据统计部门数据，罗田县规模以上旅游企业（以下简称“规上企业”）只有 6 家。2020 年以来，旅游产业发展受疫情影响较大。2021 年，全县年度进规企业 18 家，无旅游企业。总体分析，全县旅游企业规模小而分散，规上企业增长乏力，体量小，营收占比偏低，对县域经济的贡献力和拉动力不强。

（二）存在的问题

罗田县旅游市场曾经经历过一段快速增长时期，但近年来受诸多因素影响，进入瓶颈阶段，且有下滑趋势。

1. 疫情影响。2020 年初暴发的新冠肺炎疫情，对旅游业造成直接冲击。疫情以来，虽然总体平稳可控，但还没有完全控制，仍呈点状散发态势，而旅游又是主要的传播链条，这在一定程度上制约了居民的出游愿望，旅游景区、企业面临疫情防控、安全等多重压力，整个旅游业还处于逐步恢复之中。具备较好市场基础的县内漂流企业，更是遭受疫情汛情交织，影响巨大。

2. 游客目标转向。近年旅游市场向体验式的乡村游、自驾游、亲子游转向，传统观光式旅游市场需求下降。

3. 市场客群萎缩。受疫情及政府和市场激励政策多方面影响，河南、安徽、江西客源市场大幅缩水。最主要的武汉客源市场受到武汉周边景区蚕食，加上自身品质不高，吸引力不够，客群流失严重；企业团建等团队游也不断萎缩，客源主要靠县内和周边短途游勉强支撑。

第四节　英山县旅游资源研究

一、英山县旅游资源概况

英山古为皋陶部落，汉为英布封疆，宋为毕昇故里，今为丝茶之乡、温泉名城、休闲胜地。英山万山磅礴、控引江淮，历来为兵家必争之地，素有“鄂皖咽喉、江淮要塞”之称。

英山境内奇峰俊秀，沟谷幽深，森林茂密，植被丰富，绿色生态面积占英山版图面积 1/3 以上，全县森林覆盖率高达 70.3%。境内已建成大别山主峰风景区和桃花冲风景区 2 个国家 AAAA 级旅游景区，还有温泉养生、峡谷漂流、溯溪探险、民俗风情以及众多红色旅游景点，是华中地区著名的旅游胜地。按照国家旅游局颁布的旅游行业国家标准《旅游资源分类、调查与评价》（GB/T 18972—2003），英山县境内旅游资源主要分为地文景观（A）、水域风光（B）、生物景观（C）、遗址遗迹（E）、建筑与设施（F）五大类，具体统计情况整理见表 3-13。

表 3-13　黄冈市英山县旅游资源类型统计表　（单位：种）

	英山县	具体类型
主类	5	A B C E F
亚类	14	AA BA BB BD CA CC EA FA FB FC FD FE FF FG
基本类型	15	AAA BAA BBB BDB CAA CAB CCB EAA FBB FCG FDA FDD FEA FFA FGA

黄冈市英山县旅游资源主要亚类有 14 种，分别为综合自然旅游地、河段、天然湖泊与池沼、泉、树木、花卉、史前人类活动场所、综合人文旅游地、单体活动场馆、归葬、交通建筑、水工建筑等。基本类型涵盖了山丘型旅游地、观光游憩河段、地热与温泉、林地、丛树、林间花卉地、人类活动遗址、祭拜场所、摩崖字画、传统与乡土建筑、名人故居与历史纪念建筑、陵区陵园、桥、水库观光游憩区段。

依照中华人民共和国国家标准《旅游景区质量等级的划分与评定》（GB/T 17775—2003）及国家旅游局颁布的有关评定细则，英山县境内旅游资源质量等级统计见表 3-14。

表 3-14　英山县旅游景区质量等级统计表（2019）　（单位：家）

	英山县	黄冈市	英山县占黄冈市比例（%）
AAA 级景区	4	36	11
AAAA 级景区	3	19	16
A 级景区总数	7	60	12

按照《黄冈市旅游发展规划》（2012），英山县旅游资源可以分为四大类：红色资源、山林农业资源、文化资源和湖滨资源。英山县境内主要旅游资源属性统计见表 3-15。

表 3-15　英山县境内主要旅游资源属性统计表　（单位：处）

序号	单体名称	属性	数量
1	黄冈白莲河国家湿地公园	湖滨资源	5
2	英山张家咀湿地国家公园		
3	毕昇湖水利风景区		
4	毕昇大峡谷漂流		
5	毕昇温泉		
6	英山烈士陵园	红色资源	2
7	红二十五军军部旧址		
8	桃花冲森林公园	山林农业资源	7
9	湖北大别山主峰风景区		
10	英山四季花海		
11	大别山丽景风景区		
12	神峰山庄		
13	乌云山茶叶公园		
14	天马寨		
15	英山郭家湾遗址	文化资源	11
16	英山张氏宗祠		
17	乌云摩崖石刻		
18	安家大屋		
19	灵芝桥		
20	卫氏宗祠		
21	英山陈氏宗祠		
22	李公桥		
23	段朝立墓		
24	段氏宅		
25	毕昇家族墓		

其中，已开发的红色资源有 2 处、山林农业资源有 7 处、文化资源有 11 处、湖滨资源有 5 处。各种类型旅游资源数量分别占总数比例分布如图 3-7所示。

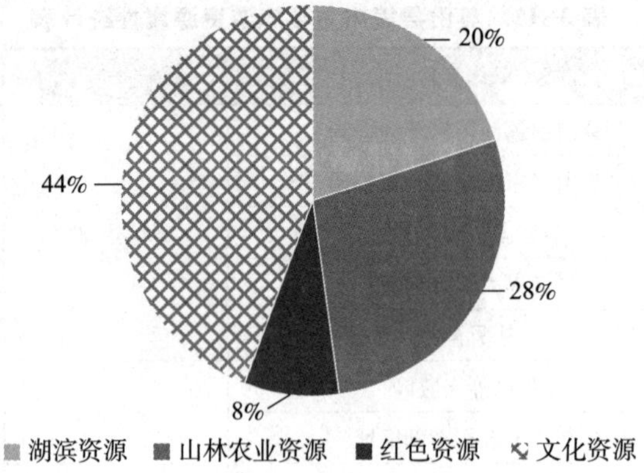

图 3-7　英山县旅游资源属性分布

二、英山旅游产业规模研究

英山县委、县政府高举国家全域旅游示范区创建大旗，找准“全域旅游康养度假”发展定位，走出了一条以旅游为主导产业的县域经济发展之路，全县直接旅游从业人数约 9000 人，间接旅游从业人数约 3 万人，全县近 10 万人吃上旅游饭，农民家庭旅游年收入超 10 万元。2021 年，英山县接待游客 952 万人次，创旅游综合收入 36.6 亿元，基本恢复至疫情前同期水准。

（一）旅游产业发展现状

英山县旅游收入从 2013 年起增幅进入快车道，2015 年突破 20 亿元，达到 21.25 亿元，2021 年旅游收入达到 36.6 亿元。具体情况如图 3-8、表 3-16 所示。

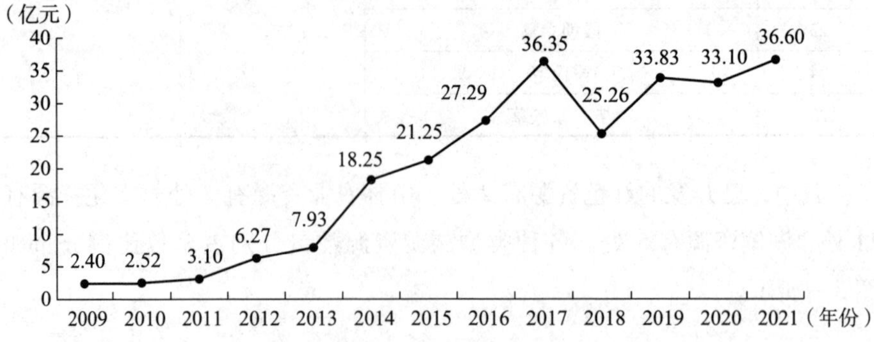

图 3-8　2009—2021 年英山县旅游收入

资料来源：《黄冈市统计年鉴》（2009—2021 年）。

表 3-16 英山县 2009—2021 年旅游收入情况表

年份	黄冈市		英山县		
	旅游收入（亿元）	GDP（亿元）	旅游收入（亿元）	占黄冈市旅游收入百分比（%）	占黄冈市 GDP 百分比（%）
2009	34.35	700.32	2.4	6.99	0.34
2010	44.45	862.3	2.52	5.67	0.29
2011	55.57	1045.11	3.1	5.58	0.3
2012	75	1192.88	6.27	8.36	0.53
2013	79.5	1332.6	7.93	9.97	0.6
2014	100.42	1477.15	18.25	18.17	1.24
2015	121.6	1589.24	21.25	17.47	1.34
2016	151.2	1726.17	27.29	18.05	1.58
2017	200.74	1921.83	36.35	18.11	1.89
2018	254.39	2035.2	25.26	9.93	1.24
2019	309.15	2322.73	33.83	10.94	1.46
2020	241.62	2169.55	33.1	13.7	1.53
2021	305.2	2541.31	36.6	11.99	1.44

资料来源：《黄冈市统计年鉴》（2009—2021 年）。

全县现有重点文化及相关产业法人单位 34 家（其中服务产业 8 家、制造业 2 家、批发零售业 24 家）。根据相关部门统计，英山县 34 家重点监测文化旅游企业 2019 年度纳税 567 万元，2020 年度纳税 1261 万元，2021 年上半年完成纳税 402 万元，总体来看，文旅行业税收呈逐年增长态势。规上企业 8 家，其中规上文化制造业 3 家，文化批发零售业 3 家，文化服务业 5 家。文旅类现代服务企业占县内服务业总数的 83%，全县文化产值增速位居全市前列。2019 年文化产业增加值 1.9 亿元，年增速 7.3%。

1. 历史文化源远流长。英山是一个古老神奇的地方，石器时代英山就有人类活动，英山最早留下文字记载在公元前 646 年。有全国重点文物保护单位 1 处，省级保护单位 11 处，市级保护单位 4 处；馆藏文物 4364 件，其中国家一级文物 6 件、二级 9 件、三级 90 件。省级非物质文化遗产保护项目 4 个，市级 16 个。

2. 红色文化积淀深厚。英山以“红色大地”“革命之山”著称于世。

大革命时期，英山是鄂豫皖根据地重要组成部分，红四军从这里西征，红二十七军在这里成立，红二十五军在此成立长征先遣队，先后有15支红军队伍在此战斗、发展壮大；解放战争时期，刘邓大军以此为通道，迂回鏖战大别山。全县境内红色遗址、遗迹33处，列入省级文化保护单位3处。

3. 名人文化璀璨夺目。古有刑典之祖皋陶，殷有贤相傅说，汉有淮南王英布，唐有大学士沈佺期，宋有活字印刷术发明家毕昇，清有刑部尚书、清代“包公”金光悌。今有熊召政、刘醒龙、姜天民等一批享誉文坛的著名作家，是湖北省首批文化先进县、远近闻名的“作家县”。

4. 戏曲文化绚丽灿烂。黄梅戏在英山广为流传，深得人民群众的喜爱。英山黄梅戏是英山文化的一朵奇葩，演进了人民大会堂、国家大剧院，曾被湖北省委赞誉为“精神文明的一朵鲜花”。现有黄梅戏专业剧团1个、业余团体3个、票友1000余人。

5. 生态文化独具特色。全县森林覆盖率高达73%，为全国七大生物基因库之一，是中国生物多样性保护与绿色发展示范基地，全年优质空气天数360天以上，空气负氧离子含量是城市的50~100倍。“中国好空气·英山森呼吸”，叫响全中国，名扬海内外。2018年被中国气象协会评为“中国天然氧吧”。

6. 温泉资源蕴藏丰富。英山是中国温泉之乡，英山温泉水质好、埋藏浅、储量大、温度高。自古有东南西北四处汤河，旧志将其列为英山八景之首，名曰“温泉春景”，现有东、西、北三个温泉。其中，东温泉距县城约10公里，水温46℃；北温泉距县城250米，水温69℃；西温泉距县城1.5公里，水温73℃。经鉴定，三个温泉均以硫酸根和氯离子为主，具有广阔的开发前景。英山温泉水温高、流量大且分布集中，自古就有“不让滇南第一汤”之称。其中楚江南项目即依托于东温泉，洪广毕昇温泉依托于北温泉。

7. 漂流资源得天独厚。英山是中国漂流之乡，境内峡谷众多，滩险流急，漂流资源得天独厚。现有3个漂流景区在运营，有勇士漂、逍遥漂、成长漂、四季漂等多条精品线路，是湖北发展漂流项目最多、最快的县市。连续三届中国黄冈挺进大别山漂流赛决赛在英山举行。

8. 茶叶资源量大质优。英山是中国茶叶之乡，英山茶叶质高味醇，总产量位居湖北之首，是“中国绿茶（名茶）之乡”“全国产茶重点县”“全国无公害茶叶生产示范基地县”。英山云雾茶为国家地理标志保护产品、大别山生态名茶、湖北省十大名茶。茶园观光带荣膺“中国美丽田园”称号，英山茶旅融合文章大有可为。

（二）存在的问题

英山县旅游业虽然取得了一定成效，但对标市委、县委“打造华中地区文旅康养核心区”的要求，对标省内外同类地区旅游快速发展的态势仍有较大不足。主要表现在：

1. 核心吸引力不足。全县虽然有 10 家 A 级景区，但没有 1 家对游客有绝对吸引力，产业链条短，以观光游览为主，缺乏互动性、体验性的大型游乐项目，缺少具有震撼力和市场竞争力的旅游龙头产品，缺少游客必打卡的景区景点，市场竞争力不大。

2. 产业深度不够。文化旅游产业发展业态单一，多以观光游览为主，缺乏互动式、体验式、沉浸式项目，县内大多是 1 日游或是 2 日游，缺少具有震撼力和市场竞争力的旅游龙头产品。各景区仍处于传统的门票经济时代，缺少二销产品。

3. 项目效益不佳。已建成项目中，除四季花海长征精神体验园、童玩谷、神峰山庄带来不错的效益，其他景区效益都一般，尤其是天马寨、丽景等一些景区出现较大经营困境，急需解困脱困。同时，文旅行业项目因多处在生态敏感地区，在用地、基础设施配套等方面面临更多的困境和压力，导致很多项目推进难度大，急需建议容缺容错机制，进一步加强服务，优化营商环境。

4. 配套体系不完善。吃、住、行、游、购、娱六大要素发育不完善，游客普遍反映英山吃饭太贵、住无特色、缺购少娱，与旅游业配套发展的旅游特色商品，文创产品开发不够，市场竞争力不强，旅游资源开发市场化程度还不高。

第四章

鄂东大别山区域中部大别山山脉延伸带旅游资源研究

鄂东大别山区域中部大别山山脉延伸带旅游景点，主要是指地处鄂东境内大别山区域中部地带的团风、浠水、蕲春、黄梅 4 县的旅游景点。这 4 县自大别山山脉自东北向西南延展，北部地势以丘陵岗地为主，南部靠近长江地域地势比较平坦，是鄂东大别山区域的粮食主产区，其特色农产品及乡村旅游文化、宗教旅游文化资源十分丰富。

第一节　团风县旅游资源研究

一、团风县旅游资源概况

团风地处湖北省东部、大别山南麓、长江中游北岸。历史悠久，物产丰富，历史人物众多，造就了团风丰富的旅游资源。团风历来是兵家必争之地，曹操曾屯兵乌林，朱元璋曾在这里战败陈友谅。明、清年间这里商贾云集，集市繁荣，是长江沿岸的商业重埠之一。团风文化底蕴深厚，孕育了党的一大代表包惠僧，革命家林育英、林育南，现代地质科学巨人李四光，《资本论》中译者王亚南，哲学家熊十力，文学家秦兆阳，思想家殷海光，书法家张荆野，以及当代著名作家、茅盾文学奖获得者刘醒龙等一大批名人名家。

团风境内名人、名胜、名景繁多。有水天一色的杨汊湖度假休闲风景区，有集名人名址和自然风光于一体的回龙山旅游风景区，有“鄂东千岛湖”牛车河水利生态旅游区，有“鄂东泰山”之誉的大崎山森林公园，有黄冈革命传统教育基地杜皮烈士陵园，有山川秀美的龙王山避暑山庄，还有“江心绿洲”罗霍洲休闲度假区。在大革命时期，团风是湖北省党员最多的县，成立了除武汉以外全国最早的中心县委；组建了中国工农红军第六军；发生了刘邓大军千里跃进大别山、“百万雄师”横渡长江等重大革命历史事件，为中国革命和新中国的建设做出了重要贡献。

按照国家旅游局颁布的旅游行业国家标准《旅游资源分类、调查与评价》（GB/T 18972—2003），团风县境内旅游资源主要分为生物景观（C）、建筑与设施（F）两大类，具体统计情况整理见表 4-1。

表 4-1　黄冈市团风县旅游资源类型统计表　（单位：种）

	团风县	具体类型
主类	2	C F
亚类	6	CA FA FB FD FE FG
基本类型	9	CAA FAC FAB FBB FCI FDA FDD FEA FGA

团风县旅游资源主要亚类有 6 种，分别为树木、综合自然旅游地、单体活动场馆、居住地与社区、归葬、水工建筑。基本类型涵盖了林地、康体游乐休闲度假地、宗教与祭祀活动场所、祭拜场所、名人故居与历史纪念建筑、丛树、林间花卉地、人类活动遗址等。

依照中华人民共和国国家标准《旅游景区质量等级的划分与评定》（GB/T 17775—2003）及国家旅游局颁布的有关评定细则，团风县境内旅游资源质量等级统计见表 4-2。

表 4-2　团风县旅游景区质量等级统计表（2019）　（单位：家）

	团风县	黄冈市	团风县占黄冈市比例（%）
AAA 级景区	0	36	0
AAAA 级景区	0	19	0
A 级景区总数	1	60	2

按照《黄冈市旅游发展规划（2012）》，团风县旅游资源可分为四大

类：红色资源、山林农业资源、文化资源和湖滨资源。团风县境内主要旅游资源属性统计见表 4-3。

表 4-3 团风县境内主要旅游资源属性统计表 （单位：处）

序号	单体名称	属性	数量
1	牛车河水利生态旅游区	湖滨资源	3
2	罗霍洲江心公园		
3	家湖休闲渔庄		
4	黄冈革命烈士陵园	红色资源	12
5	团风渡江战役纪念公园		
6	杜皮抗日五大队遗址		
7	回龙八斗湾共存社旧址		
8	王家坊抗日根据地旧址		
9	林育南故居		
10	包惠僧故居		
11	李四光故居		
12	熊十力故居		
13	徐会之故居		
14	张浩故居		
15	方本仁庄园		
16	黄冈大崎山森林公园	山林农业资源	4
17	神仙寨		
18	龙王山避暑山庄		
19	梦冲山庄		
20	百丈岩古民居	文化资源	3
21	漆氏宗祠		
22	东岳庙		

其中，已开发的红色资源有 12 处、山林农业资源有 4 处、文化资源有 3 处、湖滨资源有 3 处。各种类型旅游资源数量分别占总数比例分布如图 4-1所示。

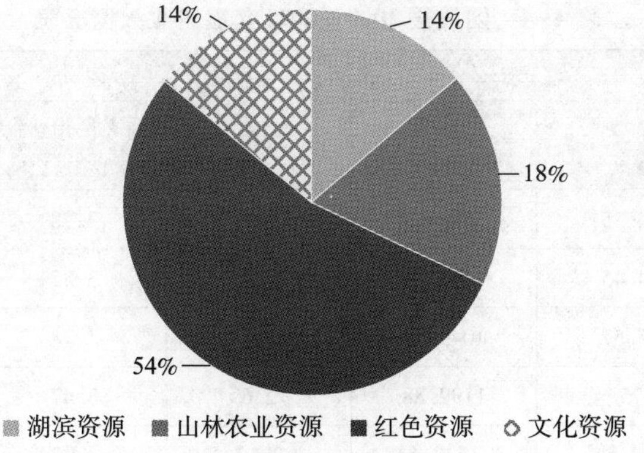

图 4-1 团风县旅游资源属性分布

二、团风县旅游产业规模研究

（一）旅游产业发展现状

2021 年全县旅游人数 157 万人次，较 2020 年增长 20.6%；旅游综合收入 12.39 亿元，较 2020 年增长 20.8%；全县 3 家 A 级旅游景区共接待游客 74.88 万人次，较 2020 年增长 17%。全县乡村旅游人数 63.5 万人次，占全县旅游人数的 40.4%，共有 54 个村开展乡村旅游，共带动 1230 名农民就业。

2008 年以来，团风县旅游业发展较快，旅游产业规模不断扩大，旅游收入不断增加。具体如图 4-2、表 4-4 所示。

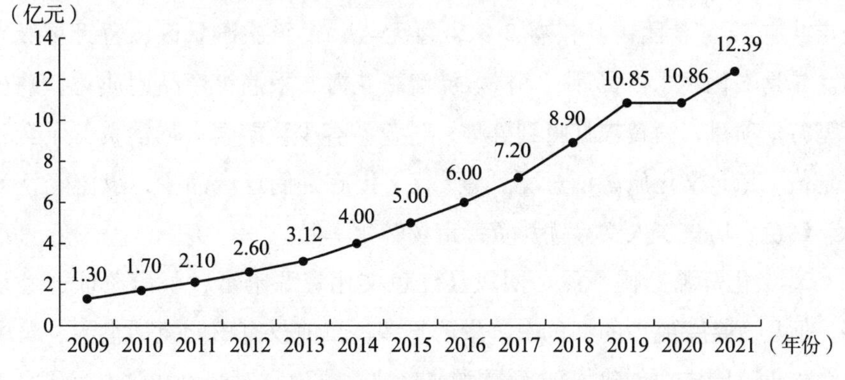

图 4-2 2009—2021 年团风县旅游收入

资料来源：《黄冈市统计年鉴》（2009—2021 年）。

表 4-4　团风县 2009—2021 年旅游收入情况表

年份	黄冈市		团风县		
	旅游收入（亿元）	GDP（亿元）	旅游收入（亿元）	占黄冈市旅游收入百分比(%)	占黄冈市 GDP 百分比（%）
2009	34.35	700.32	1.3	3.78	0.19
2010	44.45	862.3	1.7	3.82	0.2
2011	55.57	1045.11	2.1	3.78	0.2
2012	75	1192.88	2.6	3.47	0.22
2013	79.5	1332.6	3.12	3.92	0.23
2014	100.42	1477.15	4	3.98	0.27
2015	121.6	1589.24	5	4.11	0.31
2016	151.2	1726.17	6	3.97	0.35
2017	200.74	1921.83	7.2	3.59	0.37
2018	254.39	2035.2	8.9	3.5	0.44
2019	309.15	2322.73	10.85	3.51	0.47
2020	241.62	2169.55	10.86	4.49	0.5
2021	305.2	2541.31	12.39	4.06	0.49

资料来源：《黄冈市统计年鉴》（2009—2021 年）。

（二）存在的问题

1. 旅游产品质量不高。一是旅游品牌不“大”。A 级旅游景区较少，全市共有 72 家，团风县仅有 3 家，暂无 AAAA 级旅游景区、暂无星级宾馆。二是文化娱乐产品不“精”。漂流、花海、采摘等产品同质化，缺少大型游乐项目，消费被虹吸到外地，过夜游客少，游客人均消费低于全省平均值。三是文化旅游创意不“新”。文化旅游创意产品少，夜游经济滞后，红色、历史、人文等优势资源市场转化率低。

2. 文化资源挖掘不深。团风县红色文化资源丰富，革命遗址遗迹众多，但具有接待能力的红色旅游景区不多，目前仅有田园童话世界、黄冈革命烈士陵园成功创建 AAA 级旅游景区。一方面是对红色文化内涵研究不深，造成文旅资源的挖掘不够；另一方面是红色旅游景点比较分散，未能形成成熟的红色旅游线路，红色资源开发项目较少。

3. 文旅资源整合不够。一是区域合作不够。通过黄团浠一体化、武汉城市圈、跨江合作等方式，县市之间探索相邻景区、同类资源进行整合，但成效不明显，缺少精品线路，没有形成统一品牌。二是产业融合不够。文旅与相关产业的融合还处在起步阶段，融合业态主要集中在农业领域，还未形成全域发展格局。三是行业协作不够。景区、旅行社、酒店各自为战，“吃、住、行、游、购、娱”六要素没有形成完整产业链。

第二节 浠水县旅游资源研究

一、浠水县旅游资源概况

浠水风景秀美，人杰地灵。境内山灵水秀、风景宜人，杜牧、刘禹锡、苏轼等曾赋诗赞咏，这里有茶圣陆羽亲自鉴定的“天下第三泉”，有建于唐朝的“佛教圣地”斗方山禅寺、禅宗三祖僧粲说法的天然寺，有AAAA级旅游景区三角山、鄂东第一人工水库白莲河水库、全国爱国主义教育示范基地闻一多纪念馆、全国古籍文物重点保护单位县博物馆、湖北省首家大别山民俗博物馆等“名山名水名馆名寺”。

这里资源丰富，物产丰饶。浠河、巴河、蕲河三大河流穿境而过，总长260.8千米、流域1655.63平方千米，策湖、望天湖两大湖嵌于乡野，湖面2.35万亩。现有耕地70万亩、可养水面20万亩、林地90万亩，年产粮食45万吨，油料生产位于全国百强之列，“三品一标”认证农产品286个，其中地标产品3个。“芝麻湖藕”“策湖螃蟹”为明清两代贡品并录入《中国菜谱》。

按照国家旅游局颁布的旅游行业国家标准《旅游资源分类、调查与评价》（GB/T 18972—2003），浠水县境内旅游资源主要分为地文景观（A）、水域风光（B）、生物景观（C）、建筑与设施（F）四大类，具体统计情况整理见表4-5。

表 4-5 黄冈市浠水县旅游资源类型统计表（单位：种）

	浠水县	具体类型
主类	4	A B C F
亚类	10	AA BA CA FA FB FC FD FE FG EA
基本类型	13	AAA BAA CAA FAC FBB FBC FCA FCG FCK FDD FEB FGA EAA

黄冈市浠水县旅游资源主要亚类有10种，分别为综合自然旅游地、河段、树木、综合人文旅游地、单体活动场馆、景观建筑与附属型建筑、居住地与社区、归葬、史前人类活动场所等。基本类型涵盖了山丘型旅游地、观光游憩河段、林地、人类活动遗址、宗教与祭祀活动场所、祭拜场所、展示演示场馆、佛塔、摩崖字画、建筑小品、名人故居与历史纪念建筑、墓群、水库观光游憩区段。

依照中华人民共和国国家标准《旅游景区质量等级的划分与评定》（GB/T 17775—2003）及国家旅游局颁布的有关评定细则，浠水县境内旅游资源质量等级统计见表4-6。

表 4-6 浠水县旅游景区质量等级统计表（2019）（单位：家）

	浠水县	黄冈市	浠水县占黄冈市比例（%）
AAA 级景区	0	36	0
AAAA 级景区	1	19	5
A 级景区总数	4	60	7

按照《黄冈市旅游发展规划》（2012），浠水县旅游资源可以分为四大类：红色资源、山林农业资源、文化资源和湖滨资源。浠水县境内主要旅游资源属性统计见表4-7。

表 4-7 浠水县境内主要旅游资源属性统计表（单位：处）

序号	单体名称	属性	数量
1	三角山龙潭峡漂流	湖滨资源	2
2	铸钱湖		
3	闻一多纪念馆	红色资源	1

续表

序号	单体名称	属性	数量
4	三角山国家森林公园	山林农业资源	2
5	斗方山风景区		
6	浠水县博物馆	文化资源	13
7	浠水舍利宝塔		
8	望风尖摩崖石刻		
9	程氏祠堂		
10	登瀛室及登瀛墓		
11	盛真人墓		
12	陶谷墓		
13	王罗山墓群		
14	斗方寺祖师殿		
15	古井庵		
16	寨山遗址		
17	斗方山禅寺		
18	万年台戏台		

其中，已开发的红色资源有 1 处、山林农业资源有 2 处、文化资源有 13 处、湖滨资源有 2 处。各种类型旅游资源数量分别占总数比例分布如图 4-3所示。

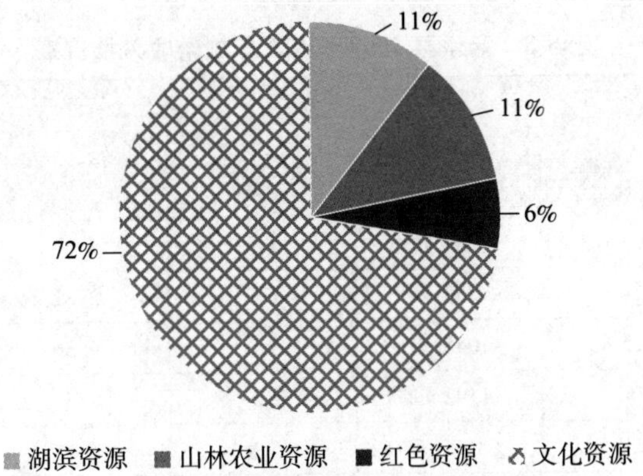

图 4-3　浠水县旅游资源属性分布

二、浠水县旅游产业规模研究

2020 年，全县文化及相关产业增加值占 GDP 比重为 4%，居全市第 4 位，超过全市平均水平。2020 年、2021 年连续两年文化及相关产业营收平均增速位列全市第一。2021 年，规上文化及相关产业企业营业收入总额 19. 37 亿元，仅次于麻城、黄梅，远超蕲春，名列全市第三。

（一）旅游业发展现状

2009—2021 年，浠水县旅游收入稳步增长。2015 年突破 10 亿元，具体情况如图 4-4、表 4-8 所示。

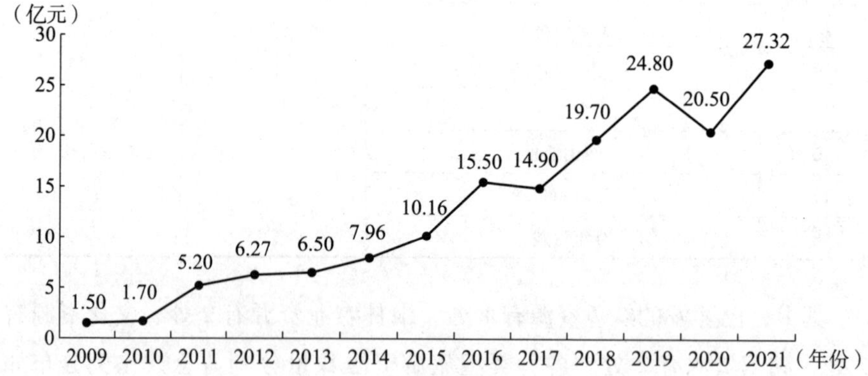

图 4-4　2009—2021 年浠水县旅游收入

资料来源：《黄冈市统计年鉴》（2009—2021 年）。

表 4-8　浠水县 2009—2021 年旅游收入情况表

年份	黄冈市		浠水县		
	旅游收入（亿元）	GDP（亿元）	旅游收入（亿元）	占黄冈市旅游收入百分比（%）	占黄冈市 GDP 百分比（%）
2009	34. 35	700. 32	1. 5	4. 37	0. 21
2010	44. 45	862. 3	1. 7	3. 82	0. 2
2011	55. 57	1045. 11	5. 2	9. 36	0. 5
2012	75	1192. 88	6. 27	8. 36	0. 53
2013	79. 5	1332. 6	6. 5	8. 18	0. 49
2014	100. 42	1477. 15	7. 96	7. 93	0. 54
2015	121. 6	1589. 24	10. 16	8. 36	0. 64

续表

年份	黄冈市		浠水县		
	旅游收入（亿元）	GDP（亿元）	旅游收入（亿元）	占黄冈市旅游收入百分比(%)	占黄冈市 GDP 百分比（%）
2016	151.2	1726.17	15.5	10.25	0.9
2017	200.74	1921.83	14.9	7.42	0.78
2018	254.39	2035.2	19.7	7.74	0.97
2019	309.15	2322.73	24.8	8.02	1.06
2020	241.62	2169.55	20.5	8.48	0.94
2021	305.2	2541.31	27.32	8.95	1.08

资料来源：《黄冈市统计年鉴》(2009—2021 年)。

1. 交通区位优势明显。浠水背靠大别山，面临长江，自古便有“水陆要冲，鄂东门户”之称。坐拥长江黄金水道、京九铁路、四条高速公路，即将进入高铁时代、搭上顺丰飞机。

2. 历史人文底蕴深厚。一是名人辈出。诞生了伟大爱国诗人学者民主战士闻一多、北宋医王庞安时、清代状元古赋七大家陈沆、民国立宪派领袖辛亥革命元勋汤化龙。二是红色闪耀。浠水是刘邓大军千里挺进大别山决胜决战重要指挥地、李先念高敬亭三角山抗日民主政府所在地、张体学新四军五大队抗日根据地。三是非遗传承。省级非遗有浠水杂技、庞安时伤寒疗法、洗马花灯会、巴河天狮舞、浠水民歌、浠水鼓书。四是文化繁荣。被命名为中华诗词之乡、中国楹联文化县，有记者县、院士县之美誉，正在争创中国杂技之乡、中国书法之乡。

3. 山水资源得天独厚。有黄冈首家 AAAA 级风景区三角山、鄂东最大人工水库白莲河、三国孙策操练水军的策湖、唐明皇敕封的华桂山，还有人文璀璨的望天湖。

4. 农业优势享誉全省。浠水是全省五个大县，即水产大县、畜牧大县、粮食大县、油料大县、蛋鸡大县。

5. 地标优品琳琅满目。历史名产有吴林茂安息香、策湖茅山螃蟹，地理标志产品有绿杨桥封缸酒、巴河莲藕、望天湖胖头鱼、董河茶叶、散花藜蒿等。

（二）存在的问题

1. 缺火爆景区景点。从 A 级景区数量看，浠水仅有 6 家，在全市排名靠后，与黄梅持平，与蕲春 11 家相比少 5 家。从重点景区来看，三角山是黄冈首个 AAAA 级景区，一度是全国国有林场转型森林旅游十佳典型，目前发展活力不强、特色定位不明晰、经营管理体制不顺、瓶颈制约因素存在。花涧谷 AAA 级景区是浠水乡村旅游的探索者，投资不少，但缺少核心竞争力、盈利点不明显，经营没有步入正轨。与罗田燕儿谷、英山四季花海、蕲春鄂人谷、黄梅袁夫稻田等项目相比，差距尚远。

2. 缺特色旅游。蕲春有蕲艾康养游、罗田有九资河赏红叶、麻城有龟山、英山天马寨看杜鹃花、红安有革命传统教育。浠水缺少特色旅游，虽然有巴河兰溪油菜花、桂桥牡丹花、孟家冲白荆果园场桃花，但没做大做强做持久。

3. 缺文旅特色小镇重头戏。英山四季花海小镇、黄梅东山小镇、蕲春蕲艾小镇已建成，罗田蓝城桃花源小镇、麻城伟光汇通五脑山菊花小镇已签约，而浠水县庞安时康养小镇项目尚未落地。对于旅游资源相对匮乏的地方来说，特色小镇项目在文旅产业上具有强大的凝聚力、展示力、提升力、带动力、引爆力。

4. 缺旅游产品要素保障。一是缺酒店客房。从星级旅游酒店来看，黄梅 4 家，蕲春 6 家，浠水为零。城区三家大酒店，仅能住宿 500 人左右，三角山仅能住宿 200 人左右。二是缺特色美食。浠水餐饮都是大路货，与武汉差别不大，很少有山野土菜。三是缺名优特产。蕲春蕲艾，麻城菊花，英山茶叶，罗田茯苓、天麻、板栗，红安红苕等产业已作为各县的特色产业打造。反观浠水县产业，巴河莲藕作为一县一品，产量不大。

5. 缺文化赋能。周边县市如蕲春李时珍中医药文化、黄梅禅宗文化、红安红色革命文化、麻城杜鹃花和移民文化等做得比较好。庞安时比李时珍早出生近 500 年，但在中医药文化挖掘利用上，浠水县比蕲春晚 50 年。在举办文化旅游节会上，与蕲春药交会、英山茶叶节、罗田红叶节相比，浠水县策划性、丰富性、连续性不强。

6. 缺品牌 IP。禅宗甲天下，黄梅唱古今；中国艾都，养生蕲春；中国好空气，英山森呼吸；千里大别山，美景在罗田；人间四月天，麻城看杜鹃。以上几个县市旅游宣传口号，普遍比较大气，特色鲜明，朗朗上口，感染力强。目前，浠水旅游宣传口号还未确定。

7. 缺社会认可度。公众普遍认为，浠水没什么可玩，旅游没什么特色。浠水本地人潜在消费能力不低，节假日周末游都往周边县市跑。浠水文旅产业不温不火。全市文旅四条产业链，浠水仅是田园综合体产业链副链长单位。

第三节　蕲春县旅游资源研究

一、蕲春县旅游资源概况

蕲春历史悠久，以“水限多蕲菜（水芹菜）”而得名。蕲春人杰地灵，宋代有参与编写《太平御览》等大型类书的文学巨擘吴淑；明代有医药学家李时珍，著名战将康茂才；清代有文史学家顾景星、陈诗，首创中国海运的陈銮；近代有辛亥革命先驱詹大悲和田桐，国学大师黄侃，文学理论家胡风和“一二·九”运动组织者、华北抗日联军司令员董毓华等。蕲春秉文衡、掌科苑、主讲坛者足迹遍布五洲，从这块土地上走出了 4300 多位专家教授，故有“教授县”的美誉。

蕲春是传统中医药文化之乡，自古就有“千门万户悬菖艾，出城十里闻药香”之说，历来是长江中下游地区中药材的集散地。特殊的地理环境和气候条件，适宜多种中药材生长，《本草纲目》中所记载的 1892 种药物，蕲春境内生长的就有 1059 种。按照国家旅游局颁布的旅游行业国家标准《旅游资源分类、调查与评价》（GB/T 18972—2003），蕲春县境内旅游资源主要分为水域风光（B）、生物景观（C）、遗址遗迹（E）、建筑与设施（F）四大类，具体统计情况整理见表 4-9。

表 4-9 黄冈市蕲春县旅游资源类型统计 （单位：种）

	蕲春县	具体类型
主类	4	B C E F
亚类	8	BB CA CC EA EB FA FC FD
基本类型	13	BBB CAA CCA EAA EBF FAB FAC FCA FCF FCG FCK FDD FDE

黄冈市蕲春县旅游资源主要亚类有 8 种，分别为天然湖泊与池沼、树木、花卉地、史前人类活动场所、社会经济文化活动遗址遗迹、综合人文旅游地、景观建筑与附属型建筑、居住地与社区。基本类型涵盖了沼泽与湿地、林地、草场花卉地、人类活动遗址、废城与聚落遗迹、康体游乐休闲度假地、宗教与祭祀活动场所、佛塔、城（堡）、摩崖字画、建筑小品、名人故居与历史纪念建筑、书院。

依照中华人民共和国国家标准《旅游景区质量等级的划分与评定》（GB/T 17775—2003）及国家旅游局颁布的有关评定细则，蕲春县境内旅游资源质量等级统计见表 4-10。

表 4-10 蕲春县旅游景区质量等级统计表（2019） （单位：家）

	蕲春县	黄冈市	蕲春县占黄冈市比例（%）
AAA 级景区	5	36	14
AAAA 级景区	1	19	5
A 级景区总数	7	60	12

按照《黄冈市旅游发展规划》（2012），蕲春县旅游资源可以分为四大类：红色资源、山林农业资源、文化资源和湖滨资源。蕲春县境内主要旅游资源属性统计见表 4-11。

表 4-11 蕲春县境内主要旅游资源属性统计表 （单位：处）

序号	单体名称	属性	数量
1	大鑫湾湖北仙人湖养生度假区	湖滨资源	4
2	三江生态旅游度假区		
3	赤龙湖国家湿地公园		
4	大同水库水利风景区		

续表

序号	单体名称	属性	数量
5	高山铺战役总指挥部旧址	红色资源	2
6	张体学中学、张体学革命事迹陈列馆为爱国主义教育基地		
7	蕲春横岗山森林公园	山林农业资源	3
8	龙泉花海观光园		
9	鄂人谷生态度假村		
10	李时珍医道文化旅游区普阳观景区	文化资源	20
11	李时珍纪念馆		
12	三角山摩崖石刻		
13	梅家塘遗址		
14	毛家咀遗址		
15	坳上湾遗址		
16	万年戏台		
17	达城庙		
18	金陵书院		
19	蕲州北门		
20	双节流芳牌坊		
21	黄侃墓		
22	詹大悲墓		
23	田梦罴夫妇墓		
24	明荆王墓		
25	顾景星墓		
26	罗州城址		
27	仙人台庙		
28	羊角尖舍利塔		
29	蕲春昭化寺		

其中，已开发的红色资源有 2 处、山林农业资源有 3 处、文化资源有 20 处、湖滨资源有 4 处。各种类型旅游资源数量分别占总数比例分布如图 4-5所示。

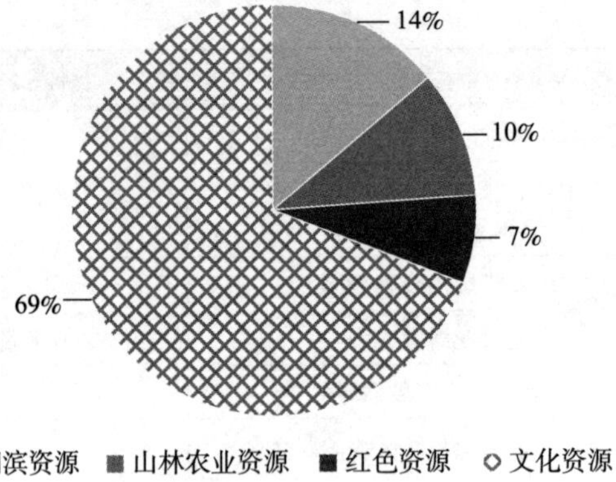

图 4-5　蕲春县旅游资源属性分布

二、蕲春县旅游产业规模研究

（一）旅游产业发展现状

蕲春县位于湖北省东南部、长江中游北岸、大别山南麓，为武汉鄂东城市圈重要组成部分，是著名“教授县”，拥有“医圣故里”“中国艾都”“教授名县”“王府胜地”四张响亮名片。京九铁路、沪蓉高速公路、长江黄金水道、大别山腹地公路横贯全境，交通四通八达，来往十分便利。

蕲春县旅游起步较晚，市场发育不充分，需要以有一定基础的观光和宗教旅游来启动初期的市场，扩大市场知名度，并为将来的度假休闲旅游打下基础。近年来，随着多届“海峡两岸中医药文化与产业发展论坛”“李时珍国际健康文化节”等文化活动的开展和华中影视文化基地的建设，蕲春县政府提出“建设经济强县、医药名县、文化大县，打造健康之乡”的发展战略，打好了“李时珍”这个国际品牌，发展了中医药文化和健康产业，全面提升了蕲春健康旅游的影响力。因此，要大力打造和重点推销在旅游市场上具有一定影响力的观光和宗教旅游产品，丰富其产品内涵，建立完善的旅游产品体系和服务体系。

蕲春县物产丰富，历史人物众多，依托蕲春县的蕲艾及健康产业，蕲春县旅游规模逐年扩大，旅游收入稳步增长。2017 年，蕲春县旅游收入已突破 29. 12 亿元；2018 年有所回落，跌至 11. 38 亿元；2021 年又逐步回升至 24. 05 亿元。具体情况如图 4-6、表 4-12 所示。

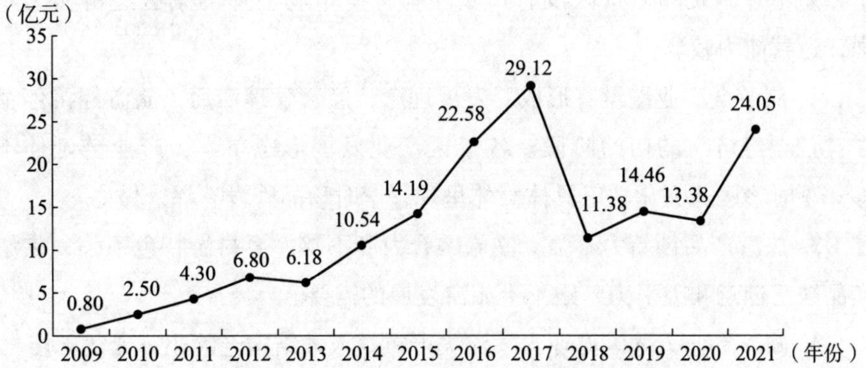

图 4-6　2009—2021 年蕲春县旅游收入

资料来源：《黄冈市统计年鉴》（2009—2021 年）。

表 4-12　蕲春县 2009—2021 年旅游收入情况表

年份	黄冈市		蕲春县		
	旅游收入（亿元）	GDP（亿元）	旅游收入（亿元）	占黄冈市旅游收入百分比（%）	占黄冈市 GDP 百分比（%）
2009	34. 35	700. 32	0. 8	2. 33	0. 11
2010	44. 45	862. 3	2. 5	5. 62	0. 29
2011	55. 57	1045. 11	4. 3	7. 74	0. 41
2012	75	1192. 88	6. 8	9. 07	0. 57
2013	79. 5	1332. 6	6. 18	7. 77	0. 46
2014	100. 42	1477. 15	10. 54	10. 5	0. 71
2015	121. 6	1589. 24	14. 19	11. 67	0. 89
2016	151. 2	1726. 17	22. 58	14. 93	1. 31
2017	200. 74	1921. 83	29. 12	14. 51	1. 52
2018	254. 39	2035. 2	11. 38	4. 47	0. 56
2019	309. 15	2322. 73	14. 46	4. 68	0. 62
2020	241. 62	2169. 55	13. 38	5. 54	0. 62
2021	305. 2	2541. 31	24. 05	7. 88	0. 95

资料来源：《黄冈市统计年鉴》（2009—2021 年）。

（二）存在的问题

1. 优势资源缺少市场化运作，没有核心景区带动。蕲春县 A 级景区较多，但普遍开花，比较散乱，没有突出和具有代表性的核心景区，经营水平参差不齐，大部分景区没有市场主体，有市场主体的景区经济实力不强，运营能力较弱。

2. 旅游全产业链没有形成。发展理念、经营管理滞后，旅游经济停留在“门票经济”的初始阶段。各景区产业发展形态单一，产业链延伸不够。李时珍医药文化缺乏具体载体呈现，李时珍品牌没有深入做好。

3. 旅游产品创新力不强。文旅融合力度不够，乡村游特色不强，旅游产品缺乏创意和吸引力，跟不上旅游发展的需要。

4. 缺乏专业人才。专业人才流失严重，人才结构老龄化，青黄不接。

5. 基础设施薄弱。县内各旅游乡村景区间通畅的交通网没有形成，休闲度假目的地未形成规模，景区内商住饭店、宾馆设施陈旧落后。

（三）蕲春县旅游业发展建议

1. 加大政策支持力度。一是加大政策扶持力度。出台支持旅游产业发展的政策措施，将支持旅游产业发展资金进一步提高。对于列入蕲春县“十四五”旅游发展规划的重大项目，在土地供给、资金扶植、项目审批等政策上给予优惠。二是强化项目用地供给。按照资源和生态保护、文物安全、节约集约用地原则，在与土地利用总体规划、城乡规划、风景名胜区规划、环境保护规划等相关规划衔接的基础上，对符合相关规划的旅游项目，按照项目建设时序，及时安排新增建设用地计划指标，依法办理土地转用、征收或收回手续，积极组织实施土地供应，加大旅游扶贫用地保障，引导乡村旅游规范发展。

2. 优化金融信贷。制定支持文旅企业专项金融服务措施，建立金融支持重点文旅企业推荐名单，引导金融机构加大对名单内企业支持力度。政府性融资担保机构积极为文旅企业融资增信，鼓励金融机构认可国有担保公司担保增信，对文旅企业不抽贷、不断贷、不压贷、不缓贷。

3. 抓好基础设施规划建设。一是进一步完善县域对内交通网络，加强枢纽、场站与旅游景区交通衔接，建成结构合理、功能完善、特色突出、服务优良的旅游交通运输体系。在东北部打造“快进慢游”的生态旅游公路网络，全面优化中心城区道路框架，升级改造市政道路，改造重要交通节点，建成一批公共停车场，提升城市交通服务水平；在西南部初步形成现代化的综合立体交通网络，联网成片打造美丽农村路，形成大循环交通网。二是推进智慧旅游建设。打造融旅游服务、旅游管理和旅游营销于一体的综合智慧平台，实现一部手机游蕲春。完善蕲春游客集散中心和旅游驿站等游客接待体系建设，打造现代化、智能化、个性化的旅游集散系统，提升文旅服务的智能化和个性化。

4. 推动文化和旅游融合发展。一是招大引强。引进市场主体培育产业支撑，盘活做强，支持现有旅游企业转型升级，大力发展乡村旅游和工业旅游，积极发挥旅游协会作用，进一步推动旅游业协调融合发展，深度开发旅游产品，通过旅游开发向外界宣传推广。二是做大做强。做强以蕲艾为主导的中医药大健康产业，建设一批蕲艾基地观光旅游区，艾灸体验区，大型蕲艾旅游产品超市。依托独具特色的文化生态资源，积极发展文化观光游、文化体验游、文化休闲游等多种形式的旅游活动。三是引新引优。引导文化旅游产品开展品牌化经营，给予文化旅游企业必要的政策扶持，支持其向集团化和品牌化方向发展；引导和支持优秀旅游城市规划，建设旅游文化名街、名镇，推进全域旅游示范县建设，打造文化旅游特色产业聚集区。

5. 加强旅游人才队伍建设。支持企业吸引旅游专业人才，积极探索建立以旅游企业为主体的培养人才、引进人才、使用人才和留住人才的有效机制，对旅游企业引进的高层次人才，按有关政策给予扶持。重点抓好旅游行政管理人才、旅游企业经营人才、旅游创新型人才、旅游开发性人才和旅游职业技能人才的引进和培养，打造一支高水平的文化旅游人才队伍，进一步提升旅游企业的核心竞争力，助推旅游业高质量发展。

第四节　黄梅县旅游资源研究

一、黄梅县旅游资源概况

黄梅县旅游资源丰富，名胜古迹遍及全县，有驰名中外的“禅宗祖庭”四祖寺、五祖寺；还有新石器时代的塞墩遗址、汉代英布王城址、南北朝时参军鲍照墓、宋代乱石塔、长江文明的图腾——卵石摆塑龙、朱元璋题匾“天下第一山”的意生寺等。同时黄梅挑花、黄梅戏、黄梅禅宗、岳家拳名扬海内外，黄梅自古就有“戏剧之乡”“楹联之乡”“诗词之乡”“武术之乡”“民间艺术之乡”“禅宗文化之乡”“挑花之乡”的称誉。

黄梅自然风光秀丽，有国家级湿地自然保护区龙感湖，有赏荷采莲之乐的源感湖，有“天然氧吧”柳林南北山，还有云雾缭绕、幽静清新的西山挪步园，惊险刺激的玫瑰谷漂流区等。

按照国家旅游局颁布的旅游行业国家标准《旅游资源分类、调查与评价》（GB/T 18972—2003），黄梅县境内旅游资源主要分为水域风光（B）、遗址遗迹（E）和建筑与设施（F）三大类，具体统计情况整理见表4-13。

表4-13　黄冈市黄梅县旅游资源类型统计表　（单位：种）

	黄梅县	具体类型
主类	3	B E F
亚类	7	BA EA FA FC FD FE FF
基本类型	8	BAA EAA FAC FCA FDA FDD FEB FFC

黄冈市黄梅县旅游资源主要亚类有7种，分别为河段、史前人类活动场所、综合人文旅游地、景观建筑与附属型建筑、居住地与社区、归葬、交通建筑。基本类型涵盖了观光游憩河段、人类活动遗址、宗教与祭祀活动场所、佛塔、传统与乡土建筑、名人故居与历史纪念建筑、墓群、港口渡口与码头。

依照中华人民共和国国家标准《旅游景区质量等级的划分与评定》（GB/T 17775—2003）及国家旅游局颁布的有关评定细则，黄梅县境内旅游资源质量等级统计见表4-14。

表4-14　黄梅县旅游景区质量等级统计表（2019）　（单位：家）

	黄梅县	黄冈市	黄梅县占黄冈市比例（%）
AAA级景区	1	36	3
AAAA级景区	1	19	5
A级景区总数	3	60	5

按照《黄冈市旅游发展规划（2012）》，黄梅县旅游资源可以分为四大类：红色资源、山林农业资源、文化资源和湖滨资源。黄梅县境内主要旅游资源属性统计见表 4-15。

表 4-15 黄梅县境内主要旅游资源属性统计表 （单位：处）

序号	单体名称	属性	数量
1	玫瑰谷漂流观光生态园	湖滨资源	2
2	太白湖		
3	红十五军成立纪念碑	红色资源	1
4	舒城寨	山林农业资源	1
5	四祖寺禅宗文化旅游区	文化资源	16
6	黄梅五祖寺		
7	黄梅老祖寺		
8	挪步园		
9	江心寺		
10	佛母塔		
11	释迦多宝如来佛塔		
12	焦墩遗址		
13	高塔寺砖塔		
14	牌楼垸民居		
15	清咏亭		
16	塞墩遗址		
17	宛希俨、宛希先故居		
18	王仙芝墓		
19	岳霆墓		
20	鲍照墓		

其中，已开发的红色资源有 1 处、山林农业资源有 1 处、文化资源有 16 处、湖滨资源有 2 处。各种类型旅游资源数量分别占总数比例分布如图 4-7所示。

二、黄梅县旅游产业规模研究

黄梅县地理位置优越，历史悠久，禅宗文化深厚，为发展旅游产业奠定了基础。黄梅县委、县政府审时度势，按照省委、省政府提出的“弘扬禅文

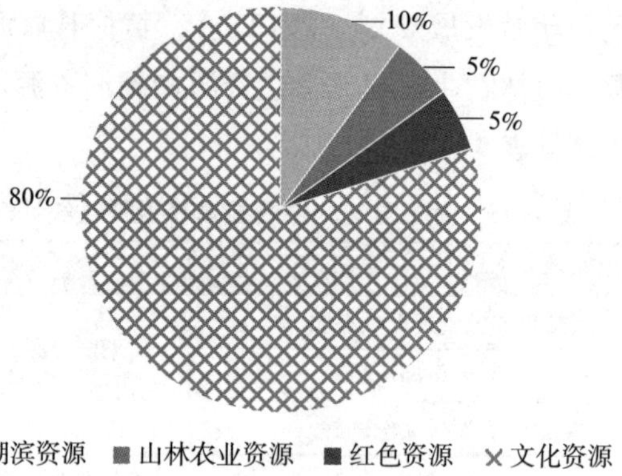

图 4-7　黄梅县旅游资源属性分布

化，打造大品牌”、构筑湖北“东禅西道”文化旅游格局战略部署，确立打造禅文化旅游总体思路。此次黄梅县打造的禅文化旅游区，按照国家AAAAA级景区标准建设，其规划面积260.08平方千米，涵盖北部山区两乡三镇内的老祖寺、四祖寺、五祖寺、中山寺、南北山寺等庙宇。禅文化旅游区总体布局为“一核三区一环”。即五祖寺核心景区，四祖寺、老祖寺和南北山寺三个分景区，以及连接一核三区的百里环山旅游线。这一项目将把黄梅建设成为湖北旅游强县和国家全域旅游示范区，为黄梅经济发展注入强大活力。

2009—2019年，黄梅县旅游产业收入稳步增长，从2009年的1.76亿元增长到2019年的25.47亿元，增长速度较快，具体情况如图4-8、表4-16所示。

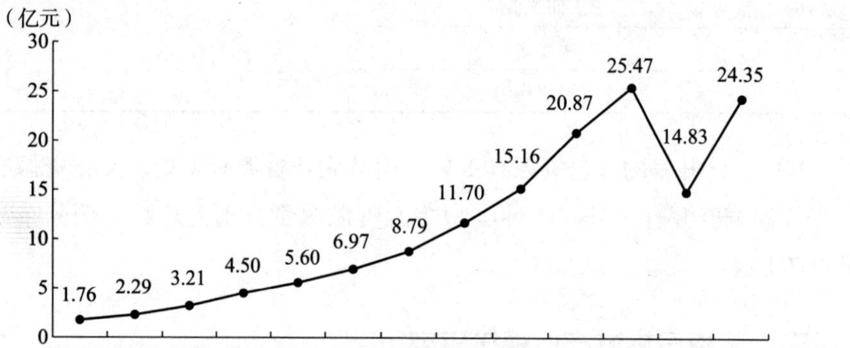

图 4-8　2009—2021年黄梅县旅游收入

资料来源：《黄冈市统计年鉴》（2009—2021年）。

表 4-16 黄梅县 2009—2021 年旅游收入情况表

年份	黄冈市		黄梅县		
	旅游收入（亿元）	GDP（亿元）	旅游收入（亿元）	占黄冈市旅游收入百分比（%）	占黄冈市 GDP 百分比（%）
2009	34.35	700.32	1.76	5.12	0.25
2010	44.45	862.3	2.29	5.15	0.27
2011	55.57	1045.11	3.21	5.78	0.31
2012	75	1192.88	4.5	6	0.38
2013	79.5	1332.6	5.6	7.04	0.42
2014	100.42	1477.15	6.97	6.94	0.47
2015	121.6	1589.24	8.79	7.24	0.55
2016	151.2	1726.17	11.7	7.74	0.68
2017	200.74	1921.83	15.16	7.55	0.79
2018	254.39	2035.2	20.87	8.2	1.03
2019	309.15	2322.73	25.47	8.24	1.1
2020	241.62	2169.55	14.83	6.14	0.68
2021	305.2	2541.31	24.35	7.98	0.96

资料来源：《黄冈市统计年鉴》（2009—2021 年）。

第五章

鄂东大别山区域南部、西南部大别山南麓沿江带旅游资源研究

鄂东大别山区域南部、西南部大别山山麓沿江带旅游景点，主要是指地处鄂东境内大别山南麓山脉延伸至长江沿岸的黄州区、武穴市、龙感湖管理区3个县市区的旅游景点。这里地形以长江冲积平原为主，土壤肥沃，雨水充沛，是鄂东大别山区域的主要种植业和水产养殖业基地，除了具有丰富的特色农产品资源外，还有丰富的饮食文化旅游资源、乡村文化旅游资源。

第一节　黄州区旅游资源研究

一、黄州区旅游资源概况

黄州区位于湖北省东部，大别山南麓，长江中游北岸，是黄冈市政治、经济、文化中心。黄州历来为“州”“府”“县”驻地，向有“古名胜地，人文薮泽”之称，具有灿烂的历史文化、丰富的人文资源和优质的自然资源。黄州是全国历史文化名城：境内有螺蛳山新石器时代遗址、春秋战国时期的禹王城遗址、唐代古刹安国禅寺、宋代东坡赤壁、明代文峰宝塔、烽火山红六军诞生地等大量文化底蕴丰厚的名胜古迹。古代科举取士“唯楚有才，吾黄冠楚”，历代共中文科进士852人、举人3309人，明、清共中武科进士89人。唐代大诗人李白、晚唐杰出诗人杜牧、北宋名

臣韩琦、北宋著名文学家苏轼都曾在这里留下人生中浓墨重彩的一笔。近代以来，更有党的一大代表陈潭秋、地质学家李四光等为党和国家的革命事业和社会主义现代化建设前赴后继、奉献一生。新中国成立以来，黄冈中学蜚声海内外，成为全国基础教育的一面旗帜。在自然资源方面，黄州区境内水资源充沛，我国最大的河流长江流经区内 38 千米，鄂东最大的河流巴河流经区内 27 千米。黄州区拥有蔡家潭、余家潭、白潭湖、遗爱湖、幸福水库等大小湖泊、水库 20 多个，极具旅游开发潜力。

按照国家旅游局颁布的旅游行业国家标准《旅游资源分类、调查与评价》（GB/T 18972—2003），黄州区境内旅游资源主要分为水域风光（B）、遗址遗迹（E）、建筑与设施（F）、旅游商品（G）、人文活动（H）五大类，具体统计情况整理见表 5-1。

表 5-1　黄冈市黄州区旅游资源类型统计表　（单位：种）

	黄州区	具体类型
主类	5	B、E、F、G、H
亚类	10	BB、EA、EB、FC、FA、FB、FD、FE、GA、HC
基本类型	16	BBB、BBC、BBA、EAA、EAB、EAC、EBA、FCA、FCC、FAH、FAE、FBC、FDD、FEB、GAF、HCD

黄冈市黄州区旅游资源主要亚类有 10 种，分别为天然湖泊与池沼、史前人类活动场所、社会经济文化活动遗址遗迹、综合人文旅游地、单体活动场馆、景观建筑与附属型建筑、居住地与社区、归葬地、地方旅游商品和民间习俗。基本类型涵盖沼泽与湿地、潭池、观光游憩湖区、人类活动遗址、文化层、文物散落地、历史事件发生地、动物与植物展示地、文化活动场所、展示演示场馆、佛塔、楼阁、名人故居与历史纪念建筑、墓群和日用工业品、民间健身活动与赛事 16 类，代表资源单体有遗爱湖湿地公园、东坡赤壁公园、青云宝塔、李四光纪念馆、陈潭秋故居纪念馆、禹王城遗址和黄冈马拉松赛事等。

依照中华人民共和国国家标准《旅游景区质量等级的划分与评定》（GB/T 17775—2003）及国家旅游局颁布的有关评定细则，黄州区境内旅游资源质量等级统计见表 5-2。

表 5-2　黄州区旅游景区质量等级统计表（2019）　（单位：家）

	黄州区	黄冈市	黄州区占黄冈市比例（%）
AAA 级景区	5	36	14
AAAA 级景区	2	19	11
A 级景区总数	9	60	15

黄州区是黄冈市文化、经济、政治中心，旅游资源不仅类型丰富，资源等级也较高。现通过审核的 A 级景区（点）包括遗爱湖公园、东坡赤壁景区两个 AAAA 级景区；李四光纪念馆、陈潭秋故居纪念馆、黄冈市博物馆、齐安湖生态农庄、伊利乳业园工业旅游区五个 AAA 级景点；黄州安国寺、太平寺两个 AA 级景点。

按照《黄冈市旅游发展规划（2012）》，黄州区旅游资源可以分为四大类：红色资源、山林农业资源、文化资源和湖滨资源。黄州区境内主要旅游资源属性统计见表 5-3。

表 5-3　黄州区境内主要旅游资源属性统计表　（单位：处）

序号	单体名称	属性	数量
1	遗爱湖公园	湖滨资源	5
2	白潭湖风景区		
3	蔡家潭		
4	齐安湖生态农庄		
5	滨江森林公园		
6	陈潭秋故居纪念馆	红色资源	3
7	李四光纪念馆		
8	黄冈中学		
9	黄冈大别山地质博物馆	山林农业资源	2
10	龙王山		
11	东坡赤壁景区	文化资源	14
12	黄冈市博物馆		
13	安国禅寺		
14	文峰（青云）宝塔		
15	黄州太平寺		
16	螺蛳山新石器时代遗址		

续表

序号	单体名称	属性	数量
17	禹王城邾城遗址	文化资源	14
18	黄州福音堂八角楼		
19	商周塞上遗址		
20	汉川门		
21	黄州文庙		
22	汉代对面墩墓		
23	东周李家咀墓地		
24	伊利乳业园工业旅游区		

其中，已开发的红色资源有 3 处、山林农业资源有 2 处、文化资源有 14 处、湖滨资源有 5 处。各种类型旅游资源数量分别占总数比例分布如图 5-1所示。

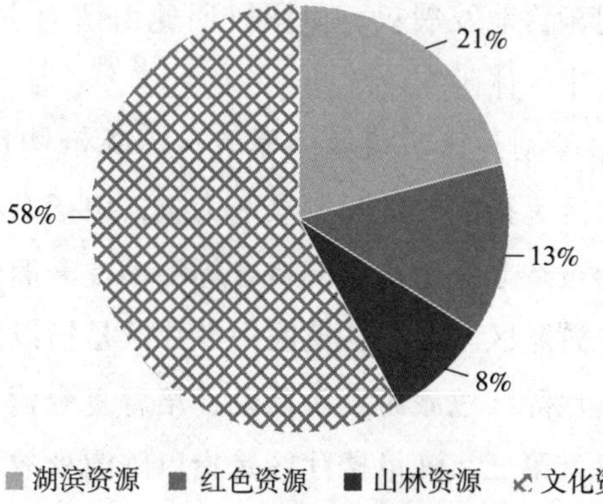

图 5-1 黄州区旅游资源属性分布图

二、黄州区旅游产业规模研究

黄州区作为黄冈市行政中心，在社会经济基础和旅游区位条件等方面具有先天优势，旅游产业发育程度相对领先，旅游及相关产业要素集聚作用较强。据相关研究表明（见文《黄冈市县域旅游发展水平综合评价》），在黄冈市所辖县域旅游发展水平综合排名中，黄州区位居第二，在高级别旅游景区、旅行社数量、城镇居民人均可支配收入、全年旅客周转量、全年旅客运输里程及邮电业务总量等六项指标中表现突出。

作为黄冈市旅游“一轴、两翼、四片区”总体策略中的重要核心，黄州区是整个黄冈地区最重要、最有生命力的地方，也是旅游接待设施最高端、最密集的地方，是集旅游观光、餐饮住宿、娱乐购物、会议会展、运动康体、旅游集散等功能的旅居一体化的旅游目的地，同时也是鄂东文化产业聚集区和引领区，是一个全新的旅游文化目的地。黄冈文化旅游目的地不仅有地理空间位置的优势，也具备统筹黄冈地区旅游服务体系和产业链核心动力的功能。根据黄冈市旅游产业“十三五”规划，黄冈市区旅游总体布局为“一轴、两翼、四片区”。

一轴：由黄州古城和白潭湖新区构成的黄州旅游古今发展轴。这体现出黄州区旅游的两大核心功能区：一是位于赤壁公园、黄州古城周边的文化产业聚集区和旅居古镇、旅游码头；一是位于白潭湖新区的黄冈旅游集散中心。

两翼：两个自驾车营地发展翼。以团风回龙山镇为主的传奇名人游，以浠水巴河、散花为主的休闲农业游。

四片区：包括白潭湖片区、黄冈中学片区、陈策楼片区及叶家洲片区。第一，白潭湖片区是指以白潭湖风景区为主，包括东湖、西湖等，以市民公园为基础，通过举办赛龙舟、鹊桥会等活动提升商业配套、土地价值，成为黄冈的中央游憩区。第二，黄冈中学片区是指以黄冈中学新老校区为中心，和挺进营地等红色旅游资源联动，培育夏令营市场，成为国内夏令营市场的领先者。第三，陈策楼片区是指以陈潭秋故居为中心，整合周边的农业休闲观光区域，将红色旅游和乡村旅游的特色餐饮、住宿、娱乐等联动发展。第四，叶家洲片区是指以叶家洲良好的生态环境为基础，先期开发以生态农业为基础的自驾游项目，后期通过引入开发商，开发农业山庄和运动公园等复合旅游项目。

根据相关统计，2009—2019 年黄州区旅游收入稳步上升，2012 年起呈现出高速发展的态势。2009—2019 年平均年增幅超过 20%。具体情况如图 5-2所示。

此外，2009 年至 2018 年十年期间，黄州区旅游业对黄冈市经济发展的贡献度逐步增加，黄州区旅游收入占黄冈市旅游总收入及全市 GDP 的百

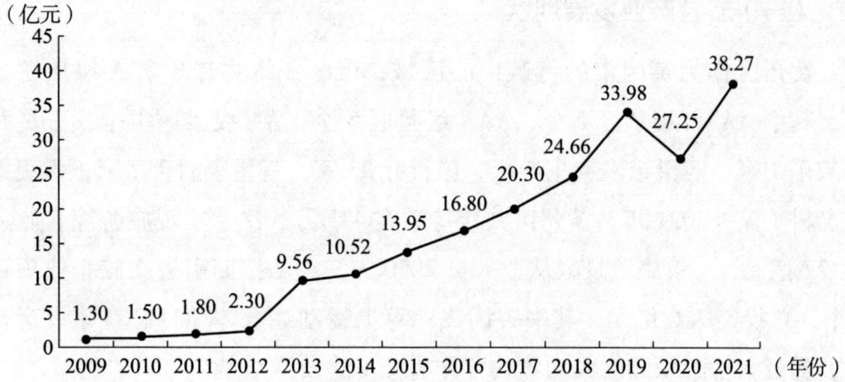

图 5-2　2009—2021 年黄州区旅游收入

资料来源：《黄冈市统计年鉴》（2009—2021 年）。

分比具体见表 5-4。

表 5-4　黄州区 2009—2021 年旅游收入情况表

年份	黄冈市		黄州区		
	旅游收入（亿元）	GDP（亿元）	旅游收入（亿元）	占黄冈市旅游收入百分比（%）	占黄冈市 GDP 百分比（%）
2009	34. 35	700. 32	1. 30	3. 78	0. 19
2010	44. 45	862. 3	1. 50	3. 37	0. 17
2011	55. 57	1045. 11	1. 80	3. 24	0. 17
2012	75	1192. 88	2. 30	3. 07	0. 19
2013	79. 5	1332. 6	9. 56	12. 03	0. 72
2014	100. 42	1477. 15	10. 52	10. 48	0. 71
2015	121. 6	1589. 24	13. 95	11. 47	0. 88
2016	151. 2	1726. 17	16. 80	11. 11	0. 97
2017	200. 74	1921. 83	20. 30	10. 11	1. 06
2018	254. 39	2035. 20	24. 66	9. 69	1. 21
2019	309. 15	2322. 73	33. 98	10. 99	1. 46
2020	241. 62	2169. 55	27. 25	11. 28	1. 26
2021	305. 2	2541. 31	38. 27	12. 54	1. 51

资料来源：《黄冈市统计年鉴》（2009—2021 年）。

（一）旅游产业发展现状

黄州区作为黄冈市的行政中心区域，市区一体共有 8 家 A 级旅游景区，其中 AAAA 级景区 2 个，AAA 级景区 5 个，AA 级景区 1 个；五星级农家乐 1 家，四星级农家乐 5 家，旅行社 23 家，三星级酒店 2 家，省级旅游名村 1 家。2021 年，黄州区共接待游客 443 万人次，实现旅游综合收入 38. 27 亿元，A 级旅游景区从业人员 2050 人。成功招商引进文旅企业项目 2 个，总投资 7. 6 亿元，其中黄冈飞鸿草上运动综合体项目已在建设运营中，鄂黄大桥游乐园已成功签约并即将开工建设。

黄州区拥有较完善的基础设施和丰富的城市资源，人才流、物资流、资金流、信息流、技术流相对集中，在旅游业的发展中主要有以下有利条件。

1. 区位优势得天独厚。黄州是武汉城市圈的组团城市，位于长江中游北岸，市区现有一个在建的长江一类水运口岸，毗邻武汉天河、鄂州花湖 2 座国际机场，有已建或在建的鄂黄长江大桥、黄冈长江大桥、燕矶长江大桥 3 座长江大桥，有长江、大广高速、黄鄂高速、京九铁路、武安杭高铁（武冈城铁）、江北铁路、黄黄高铁等 7 条重要交通通道，初步形成了水运、陆运、空运的立体交通体系。

2. 历史文化底蕴深厚。黄州是湖北省第一批省级历史文化名城，全区现有文物保护单位 87 处，其中全国重点文物保护单位 1 处，省级重点文物保护单位 11 处，文物类别涵盖古遗址、古墓葬、古建筑、近现代重要史迹及代表性建筑和石刻五大类。馆藏国有可移动文物 3462 件，其中国家三级以上文物 614 件（一级文物 14 件），珍贵文物数在全市居第一位，已公布历史建筑 36 处、重点革命遗址遗迹 31 处。黄州非物质文化遗产形式多样、特色鲜明，包含了 2 项省级非遗、9 项市级非遗和 11 项区级非遗，省级非遗牌子锣和唐家渡舞龙，市级非遗黄州农民画、东坡饮食系列文化等，遗产类别涵盖民间音乐、民间舞蹈、曲艺和民俗等所有非遗类别，深刻反映了黄州历史文化传承。

3. 名人文化灿如星河。黄州人杰地灵，人文薮泽。在古代，唐代大诗人李白曾游历黄州。北宋年间，韩琦寄居黄州发愤读书，成为一代名臣。著名文学家苏东坡因“乌台诗案”谪居黄州，留下了“两赋一词”等脍炙人口的诗篇，东坡赤壁因此名扬华夏。在近现代，先有吴贡三、李西屏等优秀民主革命烈士，后有陈潭秋、刘子通、萧仁鹄、陈荫林等著名无产阶级革命家。刘子通在中国近代史上享有“南陈（独秀）、北李（大钊）、中刘（子通）”的盛誉。黄州是伟大的无产阶级革命家、杰出的共产主义战士、中国共产党的重要创始人之一、中共一大代表陈潭秋烈士的故乡，这里曾诞生了湖北最早的共产主义小组——中共陈策楼党小组，有陈潭秋故居、陈策楼、聚星学校等革命胜迹。

（二）存在的问题

1. 事业发展保障不足。一是文旅活动开展工作经费预算严重不足，未设立文旅发展专项资金，制约文旅事业发展。二是讲解员、文艺创作、旅游管理等专业领军人才缺乏，影响了文旅产业转型升级和跨越发展。

2. 文旅发展合力不强。一是发动群众不够，文旅活动的社会参与度还需进一步提高，进而带动全区文旅事业发展。二是统筹发展力度不够，作为市辖区，除区级层面组织的文旅活动外，市级及乡镇举办的活动还需要进一步联动，统筹全区力量，推动文旅事业发展。

3. 文旅品牌创新不够。一是黄州区现有特色品牌，除东坡赤壁、遗爱湖、陈潭秋等已经具备较好市场影响力的品牌外，其他如宣纸烙画、农民画等，在市场上影响力较小，产品创意还需进一步提升。二是市区拥有的东坡文化、农民画文化、禅学文化、非遗文化等厚重文化资源，与产业发展依然存在“两张皮”现象，文旅产业知名品牌打造不够，缺乏将资源转变成产业的市场主体，亦未形成完备的产业链条，制约了文旅产业整体发展水平。

第二节 武穴市旅游资源研究

一、武穴市旅游资源概况

武穴是一座资源丰富的美丽江城，地扼吴头楚尾，素有“三省七县通衢”“鄂东门户”和“入楚第一港”之称。武穴市前身为广济县，古称“佛国”，取“广施佛法，普济众生”之意。武穴具有良好的区位条件，其地处武汉城市旅游圈，同时也置身庐山、黄山、天柱山旅游圈之内，是我国长江中游、京九铁路中段和中国梯度经济开发承东接西的过渡区域。武穴交通便利，京九铁路、沪蓉高速、长江水道在这里交汇，形成全国罕见的“三长交汇”之地，为该市旅游产业的发展提供了强有力的支撑。

武穴市山川隽秀，旅游资源丰富，主要有水库、溶洞、名山、古战场、古塔等。武穴是地理环境优越之地，拥有得天独厚的长江岸线资源。武穴港是长江十大深水良港之一，孙中山《建国方略》中将其列入开发计划，民国中期为湖北“七大商埠”之一，素有“小汉口”之誉。武穴市已基本建成匡山旅游景区、仙姑山旅游风景区、武山湖国家湿地公园等综合旅游区，仅匡山旅游风景区每年就吸引50多万人次游客前来朝拜和观光。武穴是佛教禅宗四祖道信的出生地，是《西游记》成书背景地，“岳家拳”被收入全国非物质文化遗产保护名录。这里有令人神往的“广济十景”：龙湫夜雨、横岗耸翠、东冲积雪、灵山浮渡、凤港波涛、梅浦清流、武湖明月、灵泉古洞、积布渔矶、白石堆瑶；有素称“华中第一洞天”的双善洞、灵泉洞等溶洞群；有闻名遐迩的鲍照读书台；有令人称叹的爱国主义红色旅游景区（点）。此外，境内还有距今约4500年历史的鼓山文化遗址，已出土石斧、石镯、铜鼎、青铜剑等2000余件文物，被列为国家重点文物发掘点。

按照国家旅游局颁布的旅游行业国家标准《旅游资源分类、调查与评价》（GB/T 18972—2003），武穴市旅游资源类型统计整理见表5-5。

表5-5 武穴市旅游资源类型统计表 （单位：种）

	武穴市	具体类型
主类	6	A、B、E、F、G、H
亚类	17	AA、AB、AC、BA、BB、BC、BD、EB、EA、FA、FC、FD、FE、FG、GA、HC、HD
基本类型	21	AAA、ABF、ACL、BDA、BAA、BBB、BBA、BCA、EBA、EBC、EAA、FAC、FGA、GAE、FAB、FCB、FDD、FEB、GAB、HCD、HDA

武穴市旅游资源主要包括地文景观、水域风光、遗址遗迹、建筑与设施、旅游商品、人文活动六大主类。主要亚类有17种，分别为综合自然旅游地、沉积与构造、地质地貌过程遗迹、河段、天然湖泊与池沼、瀑布、泉、史前人类活动场所、社会经济文化活动遗址遗迹、综合人文旅游地、景观建筑与附属型建筑、居住地与社区、归葬地、水工建筑、地方旅游商品、民间习俗以及现代节庆。基本类型涵盖山丘型旅游地、矿点矿脉与矿石集聚地、岩石洞与岩穴、沼泽与湿地、潭池、观光游憩湖区、悬瀑、冷泉、人类活动遗址、历史事件发生地、废弃寺庙、宗教与祭祀活动场所、康体游乐休闲度假地、塔形建筑物、名人故居与历史纪念建筑、墓群、农林畜产品与制品、民间健身活动与赛事、旅游节等21种。代表资源单体有横岗山风景区、仙姑山、太平山、浴佛井、龙湫寺、龙珠峡漂流景区、梅川水库、武山湖国家湿地公园、宋河生态山庄、希尔寨生态农庄、双善洞、郑公塔、饶汉祥旧居、鼓山遗址、魏高邑生态农庄、武穴酥糖、岳家拳、武穴市油菜花海垄上行等。

依照中华人民共和国国家标准《旅游景区质量等级的划分与评定》（GB/T 17775—2003）及国家旅游局颁布的有关评定细则，至2018年底，武穴市广济时光国家AAAA级景区正式授牌，横岗山旅游风景区也通过了国家AAAA级景区初评。武穴市建成国家AAA级景区4家，高星级酒店2家，国家级湿地公园1家，国家水利风景区1家，省级湿地公园5家。此外，武穴市已成功打造旅游景区十余家，培育乡村旅游点近30个。

按照《黄冈市旅游发展规划（2012）》，武穴市旅游资源包括红色资源、山林农业资源、文化资源和湖滨资源，域内主要旅游资源属性及数量统计见表5-6。

表5-6　武穴市主要旅游资源属性统计表

序号	单体名称	属性	数量
1	横岗山森林公园	山林农业资源	10
2	仙姑山		
3	太平山		

续表

序号	单体名称	属性	数量
4	白石山	山林农业资源	10
5	灵山		
6	怡湖山庄		
7	魏高邑生态农业园		
8	双善洞		
9	灵泉洞		
10	希尔寨生态农庄		
11	红色渡口	红色资源	2
12	饶汉祥旧居		
13	广济时光景区	湖滨资源	8
14	龙珠峡漂流景区		
15	梅川水利水库风景区		
16	龙门冲瀑布		
17	武山湖国家湿地公园		
18	马口湖		
19	凤咀港		
20	太白湖		
21	宋河生态山庄	文化资源	11
22	浴佛井		
23	水府寺		
24	龙湫寺		
25	林隐寺		
26	黄牙寺		
27	大藏寺		
28	郑公塔		
29	居士墓		
30	龙表山墓群		
31	鼓山遗址		

武穴市旅游资源类型丰富，已成功开发的文化资源有 11 处，是全市最

主要的旅游资源类型，符合武穴市“佛国”的形象。山林农业资源和湖滨资源优势也十分显著，已建成的成熟旅游景区分别有 10 处和 8 处，且资源等级较高，包括广济时光景区和横岗山森林公园两个 AAAA 级景区、仙姑山旅游景区等 AAA 级景区，以及武山湖国家级湿地公园和梅川水利水库风景区。武穴市还是辛亥革命人士的诞生地之一、红十军创建地之一、大别山革命根据地之一，产生了辛亥革命活动家居正，著名外交活动家郭泰祺，社会政治学家刘文岛和共和国将军陈康、蓝侨、陈金钰、张春森、杜国平等一批杰出人物，可发掘的红色资源十分丰富。目前已开发的红色资源主要有饶汉祥故居和红色渡口——楚江锁钥。现已建成的四种主要类型旅游资源比例分布如图 5-3 所示。

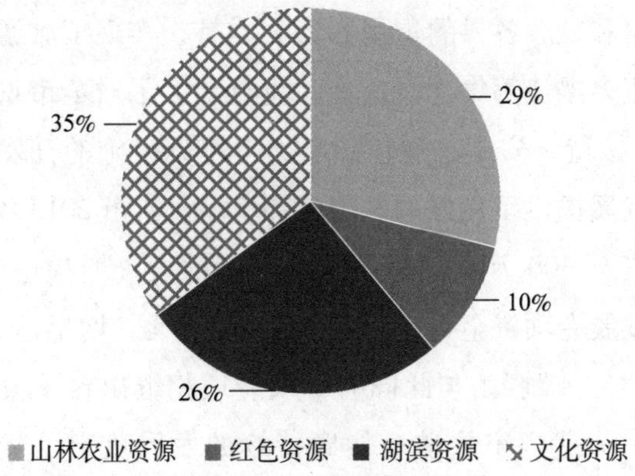

图 5-3　武穴市旅游资源属性及数量分布图

二、武穴市旅游产业规模研究

武穴市背倚大别山，南临长江，区位优势明显，资源丰富，是一座工业型城市，也是美丽的现代港城。2012 年以来，武穴市委、市政府高度重视旅游业发展，将旅游业作为县域经济新的增长点、富民强市的着力点来抓，以争创全省全域旅游示范区为抓手，不断理顺管理体制、强化部门协调、促进要素优化、推动资源整合，推进由旅游发展的初级阶段向成熟阶段转变，由景点旅游模式向全域旅游模式转变，由小旅游状况向大旅游格局转变。2009—2021 年武穴市的旅游收入如图 5-4 所示。

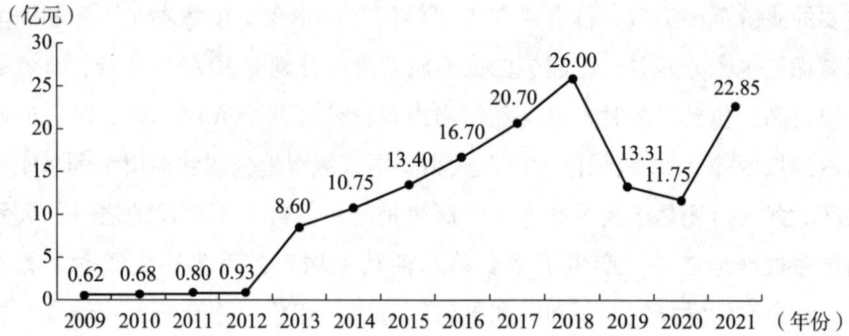

图 5-4　2009—2021 年武穴市旅游收入

资料来源：《黄冈市统计年鉴》（2009—2021 年）。

2009—2012 年，武穴市旅游业发展相对滞后。2013 年，武穴市旅游业得到武穴市政府和社会各界的重视和大力支持，实现了旅游产业发展的重要突破。武穴市多渠道筹集建设资金，重点加大了对全市重要的旅游景区（点）的交通、接待、安全、通信、电力等基础设施的开发和建设，为加快全市旅游业发展提供了良好的软硬件环境。武穴市 2013 年划拨财政年度旅游发展专项资金 300 万元，相比上一年度的投资增幅达到 290%。2014 年市财政旅游发展专项资金再次提高到 1000 万元，增幅达 233%，实现了旅游业发展的“三连跳”。与此同时，政府还相继出台了发展旅游业的一系列优惠政策，为武穴市旅游业健康持续的发展奠定了坚实的基础。以 2013 年为例，武穴市全年共接待游客 90 万人次，旅游总收入达 8. 6 亿元，其中景区收入为 1800 万元，农家乐收入为 2. 6 亿元，旅游酒店收入为 2. 4 亿元，旅游交通收入为 4000 万元，旅游商品收入为 1. 6 亿元，旅行社收入为 1738 万元，旅游节庆活动为 1. 2 亿元。

为加快旅游业发展，武穴市提出科学布局全域旅游，重点打造“广济天下、大爱武穴”的旅游形象，构筑“一轴一带三心四区”旅游产业发展格局，着力建设匡山文化生态、武山湖湿地慢城、城区游客服务和乡村休闲旅游四大板块，加快匡山旅游风景区、武山湖国家级湿地公园、广济时光景区、油菜花海观赏区、仙人湖旅游度假区等景区（观赏点）提档升级，推进油菜花观赏基地、匡山国际禅修中心、四祖禅宗文化体验园、武山湖湿地慢城、绿色动力小镇、横岗山游客服务中心、青蒿禅驿小镇等重点项目建设，主动融入长江国际旅游黄金带和大别山旅游圈，形成油菜花海、湿地慢城、禅修圣地、匡山西游四大旅游品牌，推动旅游活市富民，把武穴建成长江中游知名旅游目的地、大别山旅游圈重要驿站和湖北省全域旅游示范区。按照"全景、全时、全民、全业"全域旅游发展思路，全域发力、重点突破，进一步推进旅游业发展。2013—2018 年，武穴市旅游业发展迅速，连续 6 年保持 20%以上增速。2018 年武穴市游客接待量逾 330 万人次，实现旅游综合收入 26 亿元，同比增长 24%，成为武穴市县域经济发展的新动能。武穴市 2009—2021 年旅游收入占黄冈市旅游总收入的比重以及对全市 GDP 的贡献度具体见表 5-7。

表 5-7　2009—2021 年武穴市旅游收入情况表

年份	黄冈市		武穴市		
	旅游收入（亿元）	GDP（亿元）	旅游收入（亿元）	占黄冈市旅游收入百分比(%)	占黄冈市GDP 百分比(%)
2009	34.35	700.32	0.63	1.83	0.09
2010	44.45	862.3	0.68	1.53	0.08
2011	55.57	1045.11	0.80	1.44	0.08
2012	75	1192.88	0.93	1.24	0.08
2013	79.5	1332.6	8.60	10.82	0.65
2014	100.42	1477.15	10.75	10.71	0.73
2015	121.6	1589.24	13.40	11.02	0.84
2016	151.2	1726.17	16.70	11.04	0.97
2017	200.74	1921.83	20.70	10.31	1.08
2018	254.39	2035.20	26.00	10.22	1.28
2019	309.15	2322.73	13.31	4.31	0.57
2020	241.62	2169.55	11.75	4.86	0.54
2021	305.2	2541.31	22.85	7.49	0.9

资料来源：《黄冈市统计年鉴》（2009—2021 年）。

近年来，武穴以贯彻落实国务院《关于促进旅游业发展的若干意见》和省委省政府、黄冈市委市政府《关于加快发展旅游经济的决定》为契机，在市委、市政府确立的"现代港城、创新强市、城乡一体、生态武穴”目标引领下，充分发挥武穴的生态资源、人文资源和旅游资源优势，以“旅游+文化+生态”为着眼点，深度整合旅游资源和关联产业，全力构建以旅游为中心的现代产业体系，把武穴打造成为“长江滨江画廊、四季休闲天堂”的旅游胜地，实现旅游兴旺发达的多赢局面。

（一）旅游业发展现状

2021 年以来，武穴市紧紧围绕“文旅融合高质量发展”主题，加快武穴市旅游产业发展，大力实施招商引资、项目建设、宣传推介、行业创建四大行动，取得了一定成绩。2021 年武穴旅游实现全年游客接待量 453 万人次，旅游总收入 22. 85 亿元，“油菜花海”乡村游品牌美誉度不断增长，乡村旅游带动效益占比达 80%以上，并呈现连年 20%以上增长的良好态势。

（二）存在的问题

旅游产业是一个新兴产业，当前，武穴市旅游产业发展正处在历史上的最好时期，但是，还存在着一些不足之处。

1. 综合实力不足，与先进县市区差距明显。综合对比省内外旅游产业发展，武穴市旅游产业综合实力差距明显、发展滞后。武穴市乡村旅游发展特色不够鲜明，文化和旅游融合度不高，影响力和知名度较弱，市场竞争力不强。

2. 行业短板明显，发展潜力挖掘不深。从全市旅游产业增加值行业构成中分析，旅游产业发展仍处于较低层次和水平，信息时代发展潜力大、极具影响力和高附加值的行业增加值成为制约全市旅游产业发展的明显短板。景区景点游客参与性、互动性、娱乐性的项目不够多，乡村旅游的模式和提供的服务体验形式不够多样立体化，旅游的产品内涵发掘深度不够。

3. 产业基础薄弱，市场活力不足。旅游景区在为游客提供自然资源的基本欣赏体验之外，满足群众需求的文化场所、软硬件等基础设施不够健全，科技含量高、引领时尚、带动能力强的新兴旅游产业基础薄弱，市场活力不足。

第三节　龙感湖管理区旅游资源研究

一、龙感湖管理区旅游资源概况

龙感湖管理区原系省属国有农场，以与它紧邻的国有农场“龙感湖”之名命名，总面积420平方千米。龙感湖管理区地处鄂、赣、皖三省交界，上承荆楚，下接吴越，滨江襟湖，钟灵毓秀，物产丰饶，资源丰富。

龙感湖管理区具有丰富的湿地资源。龙感湖以河流湿地为主，是湖北省第五大湖泊，拥有得天独厚的湿地生态系统和优良的生态环境。国务院办公厅于2009年9月18日批建湖北龙感湖国家级自然保护区，现保护面积22322公顷，成为由湖泊、滩涂、草地等组成的以生物多样性和内陆水域生态系统为主要保护对象的湿地类型自然保护区。地表径流及季节性降雨维持该区湖水量。入湖大小河港多达20余条，其中有来自北部的古角河、垅坪河、小溪河经县城入湖，有来自西部的考田河入太白湖经梅济闸入湖。

龙感湖拥有丰富的鸟类资源。龙感湖自然保护区是亚洲最重要的候鸟越冬地，国家一、二级保护动物重要中转站和冬栖地。仅以湿地水禽为主的鸟类就有184种，其中，国家一级保护动物有白头鹤、白鹤、黑鹳、东方白鹳、大鸨5种，越冬白头鹤种群数量最大时达425只，黑鹳种群数量多达54只，均为国内发现的最大越冬种群。同时发现了国家二级保护动物大天鹅和白琵鹭。另外，还发现数百只鸬鹚、鹤鹬、大白鹭及2000多只雁鸭。在中国野生动物保护协会开展的“中国鸟类之乡”评选活动中，共评出十二个“鸟类之乡”，龙感湖是湖北省唯一获此称号的地区。有诗云“荷叶田田花绽笑，鹭鸥阵阵水生波，渔舟晚唱情歌对，老汉撑篙赶鸭鹅”。这首诗正是龙感湖风光的真实写照。

龙感湖拥有丰富的鱼类资源。龙感湖是黄冈最大的湖泊，水质达到了国家地表水二级以上水质标准，是鱼类的天堂。分布有胭脂鱼、虎纹蛙等国家二级保护野生水生动物，以及湖北省重点保护野生动物71种，包括短颌鲚、长江银鱼、河北圆口鲴、拟尖头鲌、团头鲂、武昌副沙鳅、紫薄鳅、似刺鳊鮈、亮银鮈、光唇蛇鮈、细体拟鲿、黑尾鱼央等长江水系特有鱼类，还有日本鳗鲡、鲚、鳡等珍贵洄游鱼类。

龙感湖拥有丰富的植物资源。龙感湖植被类型多，水生植被类型主要分为沉水、挺水、浮叶、湿生4种，13个植物群系里面，莲群系、菰群系、芡实群系、菱群系占据了较大面积。其中，藻群系以其庞大的体积，形成了水下森林。陆生植被类型包括落叶阔叶林、针阔混交林和针叶林。落叶阔叶林主要位于堤坝、滩涂等处；针阔混交林主要位于低洼的丘陵区，主要树种有香樟、马尾松等；针叶林最常见的地方是在湖边水深0.5m处，主要是人工栽植的水杉和池杉。植被与湖水相得益彰，呈现出“湖汊交错鱼遨游，水清草美鸟翔集”“落霞与孤鹜齐飞，秋水共长天一色”的美景。

龙感湖拥有独特的文化历史资源。古“雷池”就是龙感湖，“不越雷池一步”这个人文典故即源出于此。早在1700多年前的三国时期，东吴为防魏、蜀进犯，即在此地设“雷池监”；东晋时设“大雷戍”，东晋庾亮《报温峤书》中所述：“吾忧西陲过于历阳，足下无过雷池一步也”。南北朝时期著名的军旅诗人、文学家鲍照在此写下了《登大雷岸与妹书》。著名田园诗人陶渊明、诗仙李白、诗魔白居易在游历龙感湖时均留下了经典之作。新中国成立后，这里开始围湖造田，沧桑巨变，建成一座崭新的龙感湖新城，发展成为鄂东地区一颗璀璨的明珠。

按照国家旅游局颁布的旅游行业国家标准《旅游资源分类、调查与评价》（GB/T18971—2003），将龙感湖管理区境内旅游资源分别归类，具体统计情况整理见表5-8。

表5-8　龙感湖自然保护区旅游资源类型统计表　（单位：种）

	龙感湖管理区	具体类型
主类	7	A、B、C、D、E、F、H
亚类	10	AC、BB、CD、DA、EA、EB、FD、FE、HC、HD
基本类型	10	ACN、BBA、BBB、CDC、DAA、EAA、EBA、FEB、HCA、HDA

在龙感湖自然保护区旅游资源分类中，主要分为地文景观、水域风光、生物景观、天象与气候景观、遗址遗迹、建筑设施和人文活动七大主类。龙感湖保护区内综合自然旅游资源比较丰富，包括地质地貌过程形迹、天然湖泊与沼泽、野生动物栖息地、光现象、史前人类活动场所、社会经济文化活动遗址遗迹、居住地与社区、归葬地、民间习俗、现代节庆10个亚类。其中涵盖10个基本类型，典型单体资源代表有龙感湖国家级自然保护区、白头鹤栖息地、雷池鱼庄、龙感湖公园、龙感湖日出、塞墩、楼台、五祖圩以及民间采荷船、黄梅戏等特色文化活动。

二、龙感湖管理区旅游产业规模研究

龙感湖管理区资源丰富，物产多样，从1956年垦建至今，已走过了60余年的光辉历程。进入“十一五”时期，龙感湖管理区开始步入经济和社会发展的快车道，现正全力打造纺织之城、绿色之都、鱼米之乡、生态之区。与此同时，龙感湖管理区推出“天蓝、地绿、水清、土净、城洁、湿地”工程，开展环境治理“雷霆行动”“绿满荆州”行动，确保经济发展与生态建设的双赢。如今，越发美丽动人的龙感湖吸引着越来越多的人前来休闲观光。龙感湖农场围绕“把垦区建成景区”目标，突破性发展旅游业，重点创建现代农业庄园，推进现代农业和旅游业深度融合，把农业生产的全过程打造成旅游项目，更好地满足人民群众不断升级的优质安全食品和旅游消费需求，依托“龙感湖国家级湿地自然保护区”，结合龙感湖古雷池文化和农垦移民文化，把精深加工、农耕体验、观光旅游、休闲度假、健康养生、教育文化等多种功能融为一体，形成独具龙感湖风光特色的旅游品牌，补齐“三产”短板，构建龙感湖经济发展新的增长极，让龙感湖变成游客首选的旅游目的地。

第六章

鄂东大别山区域地理标志产品研究

农村地理标志产品是乡村文化的重要组成部分，也是构成特定地域乡村特色的重要文化单元，同时还是乡村旅游发展的重要支撑点之一。我们通过本章向世界介绍来自中国鄂东大别山的农特产品，提升鄂东大别山区域对外贸易水平。

第一节　鄂东大别山区域地理标志产品概述

一、相关概念

（一）产品地理标志

产品地理标志主要是指农产品地理标志，是指一个国家、地区或特定地域的地理名称，又将该名称指示一项农产品，且该农产品的质量特征和风味完全或主要取决于地理环境、自然条件、人文背景等因素，是该农产品的品质特征和地域特征的标志和证明。①

中华人民共和国农业部②（以下简称农业部）2007 年 12 月 25 日发布、

① 胡红兵、周永：《黄冈市农产品地理标志产业化发展研究》，《绿色科技》2017 年第 12 期。

② 为加强党对三农工作的集中统一领导，坚持农业农村优先发展，统筹实施乡村振兴战略，推动农业全面升级、农村全面进步、农民全面发展，加快实现农业农村现代化，2018 年党和国家机构改革将中央农村工作领导小组办公室的职责，农业部的职责，以及国家发展和改革委员会的农业投资项目、财政部的农业综合开发项目、国土资源部的农田整治项目、水利部的农田水利建设项目等管理职责整合，组建农业农村部，作为国务院组成部门。

2008年2月1日实施的《农产品地理标志管理办法》第二条对“农产品”及“农产品地理标志”作了明确的规定：本办法所称农产品是指来源于农业的初级产品，即在农业活动中获得的植物、动物、微生物及其产品；本办法所称农产品地理标志，是指标示农产品来源于特定地域，产品品质和相关特征主要取决于自然生态环境和历史人文因素，并以地域名称冠名的特有农产品标志。

可见，农产品地理标志的核心是“地理”，强调的是“地理标志”，表示农产品来源于特定地域，所以农产品地理标志也可以理解为“特定地域的农产品标志”。

（二）地理标志产品

地理标志产品是指产自特定地域，所具有的质量、声誉或其他特性取决于该产地的自然因素和人文因素，经审核批准以地理名称命名并进行地域专利保护的产品。

中华人民共和国国家质量监督检验检疫总局①（以下简称国家质检总局）2005年5月16日审议通过、自2005年7月15日起施行的《地理标志产品保护规定》第二条明确规定，地理标志产品是指产自特定地域，所具有的质量、声誉或其他特性本质上取决于该产地的自然因素和人文因素，经审核批准以地理名称进行命名的产品。同时规定，地理标志产品包括两大类：一是来自本地区的种植、养殖产品；二是原材料全部来自本地区或部分来自其他地区，并在本地区按照特定工艺生产和加工的产品。

可见，地理标志产品与上面讲的产品地理标志并不完全一样，地理标志产品更强调“产品”本身的属性，而产品地理标志更强调“地理”；地理标志产品的范围并不完全局限于农业的初级产品，它不仅包括农业种植业、养殖业，还包括工艺产品，而产品地理标志主要是指农产品地理标志，即主要来源于农业的初级产品的地理标志。

---

① 2018年党和国家机构改革，将国家工商行政管理总局的职责，国家质量监督检验检疫总局的职责，国家食品药品监督管理总局的职责，国家发展和改革委员会的价格监督检查与反垄断执法职责，商务部的经营者集中反垄断执法以及国务院反垄断委员会办公室等职责整合，组建国家市场监督管理总局，作为国务院直属机构。

本书主要是从“地理标志产品”这一角度来介绍鄂东大别山的特色农产品的，主要是指农产品地理标志产品，而不是单纯地说明产品地理标志。

（三）地理标志产品的管理

2018年以前共有三个国家部门对地理标志进行注册、登记和管理，分别是国家工商总局商标局、国家质检总局和农业部。

农业部的地理标志叫“农产品地理标志”。为规范农产品地理标志的使用，保证地理标志农产品的品质和特色，提升农产品市场竞争力，依据《中华人民共和国农业法》《中华人民共和国农产品质量安全法》等相关规定，2007年12月6日农业部第15次常务会议审议通过了《农产品地理标志管理办法》（以下简称《办法》），自2008年2月1日起施行。

《办法》分别对农产品地理标志的概念、管理部门、登记申请及程序、标志使用、监督管理等方面作了明文规定。其中第二条规定，本办法所称农产品是指来源于农业的初级产品，即在农业活动中获得的植物、动物、微生物及其产品，本办法所称农产品地理标志，是指标示农产品来源于特定地域，产品品质和相关特征主要取决于自然生态环境和历史人文因素，并以地域名称冠名的特有农产品标志。

第三条规定，国家对农产品地理标志实行登记制度。经登记的农产品地理标志受法律保护。

第四条规定，农业部负责全国农产品地理标志的登记工作，农业部农产品质量安全中心负责农产品地理标志登记的审查和专家评审工作。省级人民政府农业行政主管部门负责本行政区域内农产品地理标志登记申请的受理和初审工作。农业部设立的农产品地理标志登记专家评审委员会负责专家评审。农产品地理标志登记专家评审委员会由种植业、畜牧业、渔业和农产品质量安全等方面的专家组成。

第七条规定了申请地理标志登记的农产品应当符合的条件：（1）称谓由地理区域名称和农产品通用名称构成；（2）产品有独特的品质特性或者特定的生产方式；（3）产品品质和特色主要取决于独特的自然生态环境和人文历史因素；（4）产品有限定的生产区域范围；（5）产地环境、产品质量符合国家强制性技术规范要求。

第十三条规定，农产品地理标志登记证书长期有效。

第十五条规定了标志使用范围，符合下列条件的单位和个人，可以向登记证书持有人申请使用农产品地理标志：（1）生产经营的农产品产自登记确定的地域范围；（2）已取得登记农产品相关的生产经营资质；（3）能够严格按照规定的质量技术规范组织开展生产经营活动；（4）具有地理标志农产品市场开发经营能力。使用农产品地理标志，应当按照生产经营年度与登记证书持有人签订农产品地理标志使用协议，在协议中载明使用的数量、范围及相关的责任义务。农产品地理标志登记证书持有人不得向农产品地理标志使用人收取使用费。

第十八条规定，县级以上人民政府农业行政主管部门应当加强农产品地理标志监督管理工作，定期对登记的地理标志农产品的地域范围、标志使用等进行监督检查。登记的地理标志农产品或登记证书持有人不符合本办法相关规定的，由农业部注销其地理标志登记证书并对外公告。

国家质检总局的地理标志叫“中华人民共和国地理标志保护产品”。为了有效保护中国的地理标志产品，规范地理标志产品名称和专用标志的使用，保证地理标志产品的质量和特色，根据《中华人民共和国产品质量法》《中华人民共和国标准化法》《中华人民共和国进出口商品检验法》等有关规定，2005 年 5 月 16 日，国家质检总局局务会议审议通过了《地理标志产品保护规定》，并自 2005 年 7 月 15 日起施行。

《地理标志产品保护规定》分别对地理标志产品的概念、范围、申请受理、审核批准、标志使用、保护和监督等作了较为具体的规定。其中，第二条规定，本规定所称地理标志产品，是指产自特定地域，所具有的质量、声誉或其他特性本质上取决于该产地的自然因素和人文因素，经审核批准以地理名称进行命名的产品。地理标志产品包括：（1）来自本地区的种植、养殖产品；（2）原材料全部来自本地区或部分来自其他地区，并在本地区按照特定工艺生产和加工的产品。

第四条规定，国家质量监督检验检疫总局统一管理全国的地理标志产品保护工作。各地出入境检验检疫局和质量技术监督局依照职能开展地理标志产品保护工作。

第七条规定，申请地理标志保护的产品应当符合安全、卫生、环保的要求，对环境、生态、资源可能产生危害的产品，不予受理和保护。

第八条规定，地理标志产品保护申请，由当地县级以上人民政府指定的地理标志产品保护申请机构或人民政府认定的协会和企业（以下简称申请人）提出，并征求相关部门意见。

第十条规定，申请人应提交以下资料：（1）有关地方政府关于划定地理标志产品产地范围的建议。（2）有关地方政府成立申请机构或认定协会、企业作为申请人的文件。（3）地理标志产品的证明材料，包括：地理标志产品保护申请书；产品名称、类别、产地范围及地理特征的说明；产品的理化、感官等质量特色及其与产地的自然因素和人文因素之间关系的说明；产品生产技术规范（包括产品加工工艺、安全卫生要求、加工设备的技术要求等）；产品的知名度，产品生产、销售情况及历史渊源的说明。（4）拟申请的地理标志产品的技术标准。

第十三条规定了审核批准程序，国家质检总局对收到的申请进行形式审查。审查合格的，由国家质检总局在国家质检总局公报、政府网站等媒体上向社会发布受理公告；审查不合格的，应书面告知申请人。

第十七条至第二十条规定了标准制定及专用标志使用。其中第十七条规定，拟保护的地理标志产品，应根据产品的类别、范围、知名度、产品的生产销售等方面的因素，分别制定相应的国家标准、地方标准或管理规范。第十九条规定，地理标志保护产品的质量检验由省级质量技术监督部门、直属出入境检验检疫部门指定的检验机构承担。必要时，国家质检总局将组织予以复检。第二十条规定，地理标志产品产地范围内的生产者使用地理标志产品专用标志，应向当地质量技术监督局或出入境检验检疫局提出申请，并提交以下资料：（1）地理标志产品专用标志使用申请书。（2）由当地政府主管部门出具的产品产自特定地域的证明。（3）有关产品质量检验机构出具的检验报告。上述申请经省级质量技术监督局或直属出入境检验检疫局审核，并经国家质检总局审查合格注册登记后，发布公告，生产者即可在其产品上使用地理标志产品专用标志，获得地理标志产品保护。

第二十一条至第二十五条规定了地理标志保护产品的保护和监督。其中，第二十一条规定，各地质检机构依法对地理标志保护产品实施保护。对于擅自使用或伪造地理标志名称及专用标志的；不符合地理标志产品标准和管理规范要求而使用该地理标志产品的名称的；或者使用与专用标志相近、易产生误解的名称或标识及可能误导消费者的文字或图案标志，使消费者将该产品误认为地理标志保护产品的行为，质量技术监督部门和出入境检验检疫部门将依法进行查处。社会团体、企业和个人可监督、举报。第二十二条规定，各地质检机构对地理标志产品的产地范围，产品名称，原材料，生产技术工艺，质量特色，质量等级、数量、包装、标识，产品专用标志的印刷、发放、数量、使用情况，产品生产环境、生产设备，产品的标准符合性等方面进行日常监督管理。第二十三条规定，获准使用地理标志产品专用标志资格的生产者，未按相应标准和管理规范组织生产的，或者在 2 年内未在受保护的地理标志产品上使用专用标志的，国家质检总局将注销其地理标志产品专用标志使用注册登记，停止其使用地理标志产品专用标志并对外公告。

中华人民共和国国家工商行政管理总局（以下简称国家工商总局）的地理标志叫“地理标志证明商标”。《中华人民共和国商标法》规定地理标志可以作为证明商标或者集体商标申请注册。2003 年 4 月 17 日，国家工商总局发布《集体商标、证明商标注册和管理办法》（以下简称《办法》）。根据集体商标、证明商标本身的特殊性，《办法》明确规定了集体商标、证明商标和地理标志注册、使用和管理有别于普通商标的特殊要求和规定。该《办法》于 2003 年 6 月 1 日起实施。地理标志证明商标是以商标的形式对地理标志产品进行注册，并因此而具有法律地位，所以对地理标志产品的保护更加有力，对产品在市场流通环节起到很大的作用。

二、鄂东大别山区域地理标志产品概况

（一）总体情况

这里所说的鄂东大别山区域地理标志产品主要是指国家相关部门认证的农产品地理标志产品。

鄂东大别山区域主要是指黄冈市 11 个县市区，这里位于我国南北过渡地带，地势北高南低，北部为大别山区，发源于此的倒水、举水、巴河、浠河、蕲河、华阳河六大水系向南汇入长江，将鄂东大地切割成不同的气

候和土壤区。北部山区给罗田天麻、泗流山薏苡仁、麻城福白菊等带来良好的生长环境。南部为沿江滨湖地区，是浠水巴河莲藕、浠水散花藜蒿、武穴双低油菜等的生产适宜区。中部丘陵则适宜红安花生、麻城辣椒、武穴佛手山药、蕲春山药、蕲春芹菜等特色农产品的生长。值得一提的是，黄冈人文底蕴深厚，苏东坡、李时珍、李先念等历史名人曾通过各种途径为鄂东大别山农产品代言，李时珍曾赞美蕲春高溪的蕲山药“肥厚、汁白且多”，李先念感慨“红安的花生就是香”。优越的地理环境及这些名人效应为鄂东大别山申报农产品地标产品提供了帮助。

2015 年 6 月 5 日，国务院批复同意了《大别山革命老区振兴发展规划》。该规划针对大别山区区域发展特点，提出了“稳定发展粮食生产、大力发展特色农林业和构建新型农业经营体系”的现代农业发展之路，并提出了要“培育具有大别山地理标志的农产品品牌”的具体要求，农产品地理标志产品在大别山革命老区振兴发展中发挥着越来越重要的作用。

2019 年，黄冈市按照“政府推动、企业主导、突出重点、梯次推进”的总体思路，坚持用工业化理念谋划农业，用产业化思路发展农业，大力实施农产品地理标志保护开发战略，取得了良好成效。据统计，截至 2018 年，鄂东大别山（黄冈市 11 个县市区）共有 73 种地理标志保护产品，其中包含 56 个农产品类地理标志产品，这 56 种特色农产品都通过了原国家工商总局、原国家质检总局和原农业部认证，获得国家地理标志产品保护专用标志或注册商标，标志数量居全国地市州行列之首。在“创建大品牌、发展大产业、占领大市场、促进大增收”的指引下，努力将自然、人文优势转化成产业优势、初步实现了“保护一件地理标志、带动一个特色产业、富裕一方百姓”的目标，地理标志保护产品已经成为鄂东大别山区域对外开放的重要名片。

表 6-1　鄂东大别山区域地理标志产品分布一览表（截至 2018 年）

产地	农产品名称	批准日期	批准部门
黄梅县（6 个）	黄梅青虾	2010. 04. 06	质检总局
	黄梅挑花	2011. 01. 14	质检总局
	黄梅禅茶	2012. 12. 27	质检总局

续表

产地	农产品名称	批准日期	批准部门
黄梅县（6个）	黄梅荷叶茶	2014. 04. 08	质检总局
	黄梅鱼面	2014. 04. 08	质检总局
	黄梅堆花酒	2015. 12. 29	质检总局
武穴市（6个）	广济佛手山药	2009. 11. 16	质检总局
	武穴酥糖	2010. 12. 24	质检总局
	武穴竹编	2012. 12. 27	质检总局
	武穴菜籽油	2014. 07. 09	质检总局
	龙坪油面	2014. 09. 02	质检总局
	大金板鸭	2018. 09. 05	农业农村部
蕲春县（8个）	蕲春珍米	2009. 11. 16	质检总局
	蕲艾	2010. 12. 24	质检总局
	蕲春酸米粉	2011. 11. 30	质检总局
	蕲芹	2012. 11. 23	质检总局
	蕲山药	2013. 12. 30	农业部
	泗流山薏苡仁	2014. 05. 22	农业部
	蕲春夏枯草	2014. 05. 16	质检总局
	管窑陶器	2017. 12. 08	质检总局
浠水县（5个）	巴河莲藕	2010. 04. 06	质检总局
	散花藜蒿	2012. 08. 03	农业部
	茅山螃蟹	2012. 11. 23	质检总局
	绿杨桥封缸酒	2015. 08. 10	质检总局
	浠水望天湖胖头鱼	2017. 11. 15	质检总局
罗田县（6个）	罗田板栗	2007. 09. 13	质检总局
	罗田甜柿	2008. 09. 19	质检总局
	九资河茯苓	2007. 09. 03	质检总局
	罗田苍术	2011. 11. 30	质检总局
	罗田金银花	2011. 11. 30	质检总局
	罗田天麻	2016. 11. 02	农业部

续表

产地	农产品名称	批准日期	批准部门
英山县（4个）	英山云雾茶	2009.12.28	质检总局
	英山桔梗	2012.11.23	质检总局
	古泉清酒	2015.12.29	质检总局
	英山茶乡鸡	2016.11.04	质检总局
黄州区（2个）	黄州萝卜	2008.09.19	质检总局
	叶路大蒜	2014.09.02	质检总局
团风县（4个）	团风荸荠	2009.11.16	质检总局
	团风射干	2011.12.06	质检总局
	谢河辣椒	2012.12.18	质检总局
	团风苦荆茶	2014.09.02	质检总局
红安县（5个）	红安苕	2009.09.21	质检总局
	老君眉茶	2011.07.05	质检总局
	红安大布	2014.07.09	质检总局
	永河皮子	2014.09.02	质检总局
	红安花生	2013.04.15	农业部
麻城市（9个）	麻城福白菊	2014.04.08	质检总局、农业部
	麻城茶油	2010.04.06	质检总局
	木子店老米酒	2011.07.05	质检总局
	龟山岩绿茶	2012.12.27	质检总局
	麻城夫子河捶鱼面	2014.05.16	质检总局
	麻城辣椒	2014.11.18	农业部
	麻城黑山羊	2003.11.03	工商总局
	麻城绿壳蛋鸡	2012.03.02	农业部
	张广河天麻	2014.12.29	工商总局
黄冈市（1个）	大别山黑山羊肉	2016.02.01	质检总局

（二）基本特征

鄂东大别山区域农产品地理标志产品具有非常明显的地域特征，主要表现在：

第一，数量多。2007 年 9 月 3 日，罗田九资河茯苓和罗田板栗双双获得国家地理标志产品，从此实现了黄冈市地理标志产品零的突破。截至 2018 年 8 月，鄂东大别山区域（黄冈市各县市区）共有 56 个农产品地理标志产品，数量位居全国地市州首位，在湖北省地市州中更是遥遥领先。在黄冈市的 56 个地理标志产品中，有 44 个通过原国家质检总局注册，3 个通过原国家工商总局注册，9 个通过原农业部注册。

第二，分布广（具体分布见表 6-1）。目前鄂东大别山区域已经注册的 56 个国家级农产品地理标志产品遍布鄂东大别山区域的北部和东北部、大别山中部山脉延伸带、南部和西南部大别山南麓沿江带的各县市区。鄂东大别山区域的 11 个县市区中的 10 个县市区均拥有农产品地理标志产品，其中麻城市共有 9 个农产品地理标志产品，数量最多，最少的黄州区也有 2 个，其他蕲春县有 8 个、武穴市 6 个、罗田县 6 个、黄梅县 6 个、浠水县 5 个、红安县 5 个、团风县和英山县各 4 个，另外还有黄冈市申请注册 1 个“大别山黑山羊肉”。

第三，品种多（见表 6-2）。鄂东大别山区域农产品地理标志产品品种多，在所有的农产品地理标志产品中，主要分为 3 大类，其中农业种植类 34 个品种、农业养殖类 8 个品种、工艺加工类 15 个品种。在农业种植类的 34 个品种中，又分为茶叶类、药材类、油料类、果蔬类、粮食作物类等。

表 6-2　鄂东大别山区域地理标志产品分类一览表

产品类别	产品名称	主要产地
农业种植类（33 种）	黄梅禅茶	黄梅县四祖寺、五祖寺紫云山
	黄梅荷叶茶	黄梅县黄梅镇、孔垅镇等乡镇
	广济佛手山药	武穴市梅川镇、余川镇等乡镇
	武穴菜籽油	武穴市 12 个乡镇街道办事处辖区
	蕲春珍米	蕲春县横车镇等 9 个乡镇辖区
	蕲艾	蕲春县现辖各行政区域
	蕲芹	蕲春县蕲河两岸生长区域
	蕲山药	蕲春县青石镇
	泗流山薏苡仁	蕲春县檀林镇泗流山村
	蕲春夏枯草	蕲春县蕲州镇等 15 个乡镇辖区
	巴河莲藕	浠水县巴河镇
	散花藜蒿	浠水县散花镇
	罗田板栗	罗田县胜利镇、河铺镇等 12 个乡镇
	罗田甜柿	黄冈市罗田县

续表

产品类别	产品名称	主要产地
农业种植类（33种）	九资河茯苓	罗田九资河镇
	罗田苍术	黄冈市罗田县
	罗田金银花	黄冈市罗田县
	罗田天麻	黄冈市罗田县
	英山云雾茶	黄冈市英山县
	英山桔梗	黄冈市英山县
	黄州萝卜	黄冈市黄州区
	叶路大蒜	黄冈市黄州区堵城镇
	团风荸荠	黄冈市团风县
	团风射干	黄冈市团风县
	谢河辣椒	黄冈市团风县淋山河镇谢河村
	团风苦荆茶	黄冈市团风县
	红安苕	黄冈市红安县
	老君眉茶	黄冈市红安县
	红安花生	黄冈市红安县
	麻城福白菊	麻城市福田河镇
	龟山岩绿茶	麻城市龟山乡龟山峰
	麻城辣椒	麻城市彭店村等
	张广河天麻	麻城市三河口镇
农业养殖类（8种）	黄梅青虾	黄梅县境内源感湖及源感湖周边地区
	茅山螃蟹	浠水县策湖
	浠水望天湖胖头鱼	浠水县望天湖
	麻城黑山羊	黄冈市麻城市
	麻城绿壳蛋鸡	黄冈市麻城市
	英山茶乡鸡	黄冈市麻城市、罗田县、英山县全境
	大别山黑山羊肉	黄冈市武穴市
	大金板鸭	黄冈市英山县
工艺加工类（15种）	黄梅挑花	黄冈市黄梅县
	黄梅鱼面	黄冈市黄梅县
	黄梅堆花酒	黄冈市黄梅县
	武穴酥糖	黄冈市武穴市
	武穴竹编	黄冈市武穴市
	龙坪油面	黄冈市武穴市龙坪镇
	蕲春酸米粉	黄冈市蕲春县
	管窑陶器	黄冈市蕲春县官窑镇
	绿杨桥封缸酒	黄冈市浠水县
	古泉清酒	黄冈市英山县
	红安大布	黄冈市红安县
	永河皮子	黄冈市红安县永佳河镇
	木子店老米酒	麻城市木子店镇
	麻城夫子河捶鱼面	麻城市夫子河镇
	麻城茶油	麻城市现辖行政区域

第四，经营模式逐渐实现产业化、营销方式不断多元化。产业化生产、多元化营销是鄂东大别山国家级地理标志产品生产与销售的两大特色。鄂东大别山区域地理标志农产品除采用传统的营销方式，即依靠经销商或其他大型工商企业上门收购、农户分散自发销售等方式进行销售外，以“互联网+”为基础的营销方式不断创新，订单农业、直销配送、农超对接、网络营销等新型营销方式也不断被采用。

（三）主要问题

鄂东大别山区域是拥有国家级地理标志产品的数量比较多的区域，但其在全国的影响力、竞争力并不强，在生产加工、市场营销、组织管理等方面仍然存在不少的问题。

第一，地理标志产品组织管理不到位，一些地方存在重申报、轻管理现象。申报时热情高涨，一旦获批就认为大功告成，地理标志产品的优势没有转化为经济优势。大而不强，多而不精。不少标志产品进入流通后没有张贴“国家地理标志保护产品专用标志”，被人们视为一般的特色农产品。这一方面影响了地理标志产品知识产权保护，另一方面制约了地理标志产品附加值提升。

第二，地理标志产品生产加工技术含量低、规模经济不强、产业化水平不高。地理标志产品受地域限制，一般产量小，大多以小作坊生产，难以实现规模化、工业化。同时，由于缺乏龙头企业，大多数地理标志产品以原材料或初级加工品形式输出，形成了“一等原料、二等加工、三等价格”的滞后局面。一些地理标志产品因为经济比较优势不强，生产规模逐渐萎缩。据调查，“团风苦荆茶”2004 年种植面积近 2000 亩，如今只有不足 550 亩，成片茶林仅 160 亩。

第三，品牌效应不强、销售渠道狭窄。在整个鄂东大别山区域的 56 个地理标志产品中，真正具有较强品牌效应的地理标志产品其实并不多，大多数地理标志产品仍然没有真正走出大别山，而且受制于销售渠道，以至于价格偏低，业主收入水平不高。据调查，在蕲春县的 8 个地理标志产品中，除了蕲艾以外，其他 7 个地理标志产品销售渠道狭窄。另外，罗田县的 6 个地理标志产品、英山县的 4 个地理标志产品中也分别只有罗田板栗、英山云雾茶等农产品销售渠道较好。

总之，鄂东大别山国家级地理标志产品资源十分丰富，但整体竞争力不强，生产能力较差，市场占有能力不足。因此，必须采取相应措施不断提升其生产能力及市场占有能力。

第二节　农业种植类产品研究

一、黄梅禅茶

产品概述：黄梅禅茶，湖北省黄梅县特产，中国国家地理标志产品。2012 年 12 月 27 日，国家质检总局批准对“黄梅禅茶”实施地理标志产品保护。

资料来源：特产通。

产品特点：黄梅禅茶条索挺直、细秀、显毫。色泽翠绿尚润。嫩香持久，鲜醇爽口。汤色清澈明亮。叶底翠绿明亮匀整。

历史渊源：黄梅县是历代贡茶和禅茶的重要产地。唐朝天宝六年（747 年），茶圣陆羽察访了黄梅禅茶产地，对当地的茶事茶俗进行考察，并载入了他的名著《茶经·八之出》中：“蕲州茶生黄梅山谷。黄梅茶是历代禅师坐禅、待客必备之饮品，因此茶源于古代老祖、四祖、五祖寺中禅人所采煮的山茶，故而名曰‘黄梅禅茶’。”

保护范围：黄梅禅茶产地保护范围为湖北省黄梅县五祖镇、大河镇、停前镇、柳林乡、杉木乡、苦竹乡、挪步园管理处等 7 个乡镇管理处现辖行政区域。

产业化发展现状：目前生产黄梅禅茶的企业主要是黄梅县大别山紫云松针茶场和黄梅县紫云山茶厂两家，茶园种植面积 2000 余亩，年产量 16000 公斤，产值 300 余万元。其中的黄梅县大别山紫云松针茶场位于四祖寺、五祖寺北面的苍山郁林中，茶园分布在海拔 500~1200 米的云雾山中，是历代贡茶、佛茶、禅茶的重要产地。茶厂建于2003年，下辖五个分场，茶园面积1000余亩，年产茶量5000余公斤，总产值100余万元。

二、黄梅荷叶茶

产品概述：黄梅荷叶茶，湖北省黄梅县特产，中国国家地理标志产品。2014年4月8日，国家质检总局批准对“黄梅荷叶茶”实施地理标志产品保护。

资料来源：百度百科。

产品特点：黄梅荷叶茶根据制作工艺不同呈条形或颗粒形，外观颜色呈翠绿色或浅绿色。茶水色泽黄透通亮，散发出荷叶的清香。入口微苦、清凉，保健功能强。

历史渊源：黄梅县以荷叶为原料的茶叶有着悠久的历史。乾隆三十年（1765年），乾隆第四次下江南期间，初次品尝了黄梅戏创始人邢绣娘所制的荷叶茶，十分喜悦，将其赐名为“绿荷香”。从此，荷叶茶制茶工艺一直传承至今，形成了一个较为完整的产业经济链。

保护范围：黄梅荷叶茶产地保护范围为黄梅县黄梅镇、下新镇、独山镇、濯港镇、孔垅镇、分路镇、小池镇、大河镇、五祖镇、刘佐乡等10个乡镇。

产业化发展现状：黄梅荷叶茶的制作工艺经历了手工、机械化和手工机械化融合等过程，至今已经形成较为成熟和科学的制作工艺流程，在产品质量和产量上均有了较大的提升。以合作社形式催生的荷叶茶产业已初具规模，解决了荷叶采集、收购、消毒和销售等问题。黄梅荷叶茶现年产量已达200余吨，产值8000多万元，产品远销海内外。

三、广济佛手山药

产品概述：广济佛手山药，湖北省武穴市特产，中国国家地理标志产品。2009年11月16日，国家质检总局批准对“广济佛手山药”实施地理标志产品保护。

产品特点：形似掌形，醇香绵厚。

历史渊源：武穴种植山药有300余年的历史。古时武穴（广济）的政府所在地是梅川，梅川自古以来就被称为“佛国”，佛教文化悠久。一般的山药为长条状无支节，而湖北武穴（广济）佛手山药状似手掌或马蹄，因此称“佛手山药”。

资料来源：百度百科。

保护范围：广济佛手山药地理标志产品保护范围为湖北省武穴市梅川镇、余川镇等 2 个乡镇现辖行政区域。

产业化发展现状：近年来，武穴市大力发展佛手山药产业，致力把佛手山药这一品牌培育成集一、二、三产业融合发展的新业态。目前，全市佛手山药稳定种植面积 2 万亩，年产量 3.5 万吨以上，产值达到 4.2 亿元。主要集中产区在北部山区的梅川、余川两镇，其中梅川种植面积 8000 亩左右，余川种植面积 7000 亩左右，一般山区产量达 1 吨/亩，平地产量达 2.5 吨/亩。

四、武穴菜籽油

产品概述：武穴菜籽油，湖北省武穴市特产，中国国家地理标志产品。2014 年 7 月 9 日，国家质检总局批准对“武穴菜籽油”实施地理标志产品保护。

资料来源：百度百科。

产品特点：武穴菜籽油是由双低油菜榨成的食用油。“双低”是指菜油中芥酸含量低、硫代葡萄糖苷含量低。气味清香，色泽清亮，澄净透明。

历史渊源：武穴市种植油菜历史悠久，早在 20 世纪 70 年代，就以水田三熟油菜闻名全国，被誉为“油菜之乡”。素有“东方橄榄油”“最健康的油”之美称。

保护范围：武穴菜籽油产地范围为湖北省武穴市武穴街道办事处、刊江街道办事处、田镇街道办事处、万丈湖街道办事处、梅川镇、余川镇、花桥镇、大金镇、四望镇、石佛寺镇、大法寺镇、龙坪镇共 12 个乡镇街道办事处现辖行政区域。

产业化发展现状：好籽出好油，为加快农产品加工业发展，武穴出台了用地、融资、税收等一系列扶持政策，支持企业做大做强。最具代表性的是省级农产品龙头企业武穴市福康油脂有限公司。主导产品“接福”牌武穴菜籽油，先后获得国家绿色食品发展中心认定中国绿色食品 A 级产品、湖北名牌、湖北著名商标、湖北优质菜籽油、中华民族特色食用油、德国科隆世界食品博览会中国代表团主推产品，多次荣获国家、省市绿色食品博览会、食品博览会、农产品博览会金奖等，产品畅销江西、江苏、福建、广东等 10 多个省市。该公司与华中农业大学、中国油料作物研究所、武汉工业大学（武汉理工大学前身之一）等科研院所建立了合作关系，并特邀中国工程院院士、“中国油菜之父”傅廷栋为公司技术顾问。2013 年 4 月，人民网做了“接福牌武穴菜籽油香飘海内外”的相关报道，盛赞其为“东方橄榄油”。湖北农业信息网对第九届农交会金奖产品介绍时专门介绍了接福牌武穴菜籽油。

武穴市福康油脂有限公司总投资 3.5 亿元，新建了年加工 30 万吨双低压榨浓香菜籽油工程，油料年加工能力可达到 20 万吨以上，年加工产值达到 10 亿元，直接带动武穴及周边县市农户增收 6000 万元以上。

五、蕲春珍米

产品概述：蕲春珍米，湖北省蕲春县特产，中国国家地理标志产品。2009 年 11 月 16 日，国家质检总局批准对“蕲春珍米”实施地理标志产品保护。

资料来源：特色谷。

产品特点：蕲春珍米米粒晶莹透亮，光泽度好；粒型瘦长；米饭清香爽口，口感细腻，软而不黏，富有弹性。

历史渊源：明朝，《本草纲目》记载：珍米温中益气，养胃和脾，常食之可以健身。

保护范围：蕲春珍米地理标志产品保护范围为湖北省蕲春县横车镇、赤东镇、管窑镇、彭思镇、漕河镇、蕲州镇、八里湖办事处、株林镇、刘河镇等 9 个乡镇街道办事处现辖行政区域。

产业化发展现状：全县现有 28 家珍米生产加工企业取得了国家颁发的食品质量安全生产许可证，形成了蕲春珍米生产加工产业群。产品远销全国30多个大中城市，并出口尼加拉瓜等国家，其中金浪牌珍米多次在国际、国内获奖，1988—1997年先后荣获全国首届博览会银奖、商业部部优产品奖，1990年被评为全国十大名米之一，2003年通过了国家绿色食品认证，通过了ISO 9001国际质量管理体系认证和HACCP认证，同年获得了湖北名牌产品称号。蕲春县先后被确定为国家商品粮生产基地县、长江中下游农业综合开发项目县和黄冈市优质米生产基地，2004年被省委、省政府表彰为粮食生产先进县，2010年“蕲春珍米”证明商标申报注册成功。近年来，蕲春县蕲春珍米年产量48750吨，年产值25000万元。

六、蕲艾

资料来源：特色谷。

产品概述：蕲艾，湖北省蕲春县特产，中国国家地理标志产品。2010年12月24日，国家质检总局批准对“蕲艾”实施地理标志产品保护。

产品特点：蕲艾植株高大，香气浓烈；叶厚，揉之常呈棉絮状；入药，性温、苦、辛、微甘。

历史渊源：明朝《本草纲目》记载，艾叶自成化以来，则以蕲州者为胜，用充方物，天下重之，谓之蕲艾。2012年，蕲春县开始规模化种植蕲艾。

保护范围：蕲艾地理标志产品保护范围为湖北省蕲春县现辖行政区域。

产业化发展现状：2010年，蕲艾成功申报为国家地理标志保护产品。2015年蕲春县提出了“养生蕲春，从艾出发”，以蕲艾产业为突破口，把蕲艾产业作为全县产业转型、升级、增效的支点，明确提出打造100亿蕲艾产业和建设“中国艾都”的发展目标。2016年，蕲春被中国中药协会授予“中国艾都”称号。

据统计，到2018年5月，蕲春涉艾企业工商注册总量超过1135家，100亩以上连片蕲艾种植基地246个，1000亩以上连片基地12个，种植面积达16万亩，年产鲜艾叶30万吨。先后开发出蕲艾条、艾炷、日化、精油、灸贴等八大系列近千个健康养生产品，以蕲艾为名的品牌连锁养生馆有4000余家。涌现了千年艾、蕲艾堂、蕲仁堂等一批遍布全国的连锁养生馆品牌，蕲艾产业年产值30余亿元，大健康产业年产值100亿元。

七、蕲芹

产品概述：蕲芹，湖北省蕲春县特产，中国国家地理标志产品。2012年11月23日，国家质检总局批准对“蕲芹”实施地理标志产品保护。

资料来源：特产通。

产品特点：蕲芹色泽鲜绿，茎柄充实肥嫩，爽口生津、翠汁留香，是芹菜中的佼佼者，是很好的保健、食药两用食物，有“吃鲍鱼不如吃芹菜”的美誉。

历史渊源：蕲芹明确记载已有2200多年历史，《蕲春县志》卷一建置县名中记载：“蕲春，建县于公元前201年（西汉高祖六年），以境地‘水限多蕲芹’，取义蕲芹之春。”

保护范围：蕲芹（蕲菜）产地范围为湖北省蕲春县蕲州镇、八里湖办事处、赤东镇、漕河镇、横车镇、彭思镇、管窑镇、株林镇、刘河镇、狮子镇、青石镇、向桥乡、张塝镇、檀林镇、大同镇15个乡镇办现辖行政区域。

产业化发展现状：蕲芹产业虽然起步较晚，但近年来产业发展势头强劲，产业规模增长迅速。蕲芹已构建标准的发展模式，形成良性发展产业链。蕲芹生产已形成“公司+基地农户+科技+市场”的良好发展模式，走上了区域化、标准化、产业化的科学和谐发展道路。农业种植的标准化、区域化，促进了工业生产的标准化、规模化，工业生产的产业化反过来又拉动农业种植的发展，从蕲芹种植到工业生产到市场销售，已初步形成良性发展产业链。

八、蕲山药

产品概述：蕲山药，湖北省蕲春县青石镇的传统特产，国家农产品地理标志产品。2013年12月30日，蕲春县农业技术推广中心申报的“蕲山药”通过农业部农产品质量安全中心审查和组织专家评审，实施国家农产品地理标志登记保护。

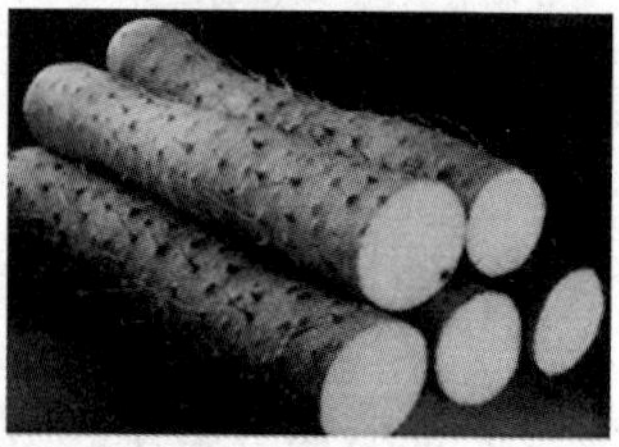

资料来源：中国乡村振兴网。

产品特点：蕲山药形似棒槌，鲜品表皮色黄亮，有须根，肉质细腻多汁。

历史渊源：蕲山药这一名字来历悠久，一语双关，“蕲”与“奇”同音。蕲山药有“三奇”：一是蕲山药的产地奇特，生长在北纬30°；二是口味奇特，口感软烂鲜美；三是药用价值奇特，能够帮助抑制肿瘤，提高人体免疫力，延缓衰老等。

保护范围：蕲山药主产区为蕲春县青石镇、刘河镇、漕河镇三个乡镇。

产业化发展现状：蕲山药主产区为蕲春县三个乡镇，位于北纬30°14′~30°28′，东经115°44′~115°55′之间，其中在青石镇10000亩、刘河镇2000亩、漕河镇3000亩，生产面积共计15000亩，总产量在2250万吨，总产值过亿元。以青石镇高溪村为例，该村在县农业局指导下，聘请专家为蕲山药改良品质，培育新品种；对种植土质进行检测，改良种植环境。经过几年努力，“蕲山药”品质和产量都有很大提高，成长为蕲春农业精品品牌。如今，全县几十家电商平台，为高溪“蕲山药”这一国家地理标志产品，插上腾飞翅膀，飞出大山，飞向全国。2017年，高溪村“蕲山药”总产量200万斤，全村山药产值达到了700万元，仅这一项，全村人均收入达到了上万元。

九、泗流山薏苡仁

产品概述：泗流山薏苡仁是湖北省蕲春县特产，国家农产品地理标志保护产品。2014年，蕲春县农业技术推广中心申报的“泗流山薏苡仁”通过农业部农产品质量安全中心审查和组织专家评审，实施国家农产品地理标志登记保护。

资料来源：农村致富经。

产品特点：泗流山薏苡仁外形呈宽卵形或长椭圆形，色白光滑，比一般薏苡仁更糯、黏、稠，是食、药兼用的滋补食品、中药材。

历史渊源：蕲春薏苡仁品质特征的形成与地理环境条件有着紧密的联系。蕲春泗流山位于蕲北之巅，是蕲河的发源地，这里山清水秀，人杰地灵，土地肥沃，生产的薏苡仁品质极佳，现有1000亩生产基地，是李时珍医药集团有限公司常年药源供应基地。

保护范围：蕲春县檀林镇泗流山村一带，总面积47公顷。

产业化发展现状：蕲春薏苡仁是蕲春名、优、特产品，产品知名度高，市场竞争力强，产品远销武汉、南昌、长沙、上海、广州等全国30多个大、中城市，出口日本、韩国、东南亚等国家和地区。蕲春薏苡仁标准化种植3万亩，年产量达4500吨。按蕲春薏苡仁原材料价值24元/公斤计算，总产值可达1.08亿元。蕲春薏苡仁深加工产品开发成功，其总产值可实现成倍增长，经济效益明显，增加了农民收入，促进了农业发展，解决了大量人员就业，增加了财政收入，促进了地方经济发展。

全县蕲春薏苡仁规范种植示范基地达到3万亩，4个乡镇40个行政村1万多农户参与示范。李时珍医药工业园区是经国家发改委批准的省管特色工业园区，规划面积1900公顷，园区内有李时珍医药有限公司等企业，生产开发蕲春薏苡仁产品10多个。

十、蕲春夏枯草

资料来源：蕲州在线。

产品概述：蕲春夏枯草，湖北省蕲春县特产，中国国家地理标志产品。2014年5月16日，国家质检总局批准对“蕲春夏枯草”实施地理标志产品保护。

产品特点：蕲春夏枯草花序较长，果穗较大，浸出物含量和迷迭香酸含量较高。色泽淡棕，体轻质脆，微有清香。

历史渊源：夏枯草之名始载于秦汉时期的《神农本草经》。明代，李时珍在其著作《本草纲目》中明确地描述了蕲春夏枯草的药用价值并附有7副诊治药方，此书被认为是蕲春夏枯草的经典论述，被历代医书所转载。清代，咸丰年间和光绪年间两次修撰的《蕲州志》之《卷三·土产》篇中，都将蕲春夏枯草列为蕲春土特产，作为贡品上缴朝廷。

保护范围：蕲春夏枯草产地范围为湖北省蕲春县蕲州镇、八里湖办事处、赤东镇、漕河镇、横车镇、彭思镇、管窑镇、株林镇、刘河镇、狮子镇、青石镇、向桥乡、张塝镇、檀林镇、大同镇共15个乡镇办事处现辖行政区域。

产业化发展现状：蕲春县委、县政府高度重视李时珍人文资源的开发利用，紧紧围绕建设经济强县、医药名县、文化大县，打造国际健康养生之都，大力实施医药兴县发展战略，蕲春夏枯草的研究、种植和生产得到高度重视，有力推动了蕲春夏枯草产业的发展。通过不断发展，截至2017年年底，蕲春夏枯草种植面积超过1.5万亩，当年新增种植面积0.6万亩，产量超过2000吨（干货），产值超过3000万元。全县共有蕲春夏枯草生产加工企业11家，专业合作社9家，种植户2600户，其中龙头企业李时珍医药集团有限公司是中国制药工业100强企业之一，年产值21亿元。该公司以蕲春夏枯草为原料生产本草纲目牌夏枯草膏，被国家药品监督管理局批准为国药准字类中药，产品投入市场后，即以优异的品质、良好的药效，获得了广大消费者的认可，畅销全国。为了生产夏枯草膏，该公司一个月需要消耗150吨夏枯草，一年的消耗量则达到了1500吨到2000吨，每年要加工生产夏枯草膏200个批次，总生产量300万瓶，年销售额已经达到了2亿元。

十一、巴河莲藕

产品概述：巴河莲藕，湖北省浠水县巴河镇特产，中国国家地理标志产品。2010年4月6日，国家质检总局批准对巴河莲藕实施地理标志产品保护。

资料来源：荆楚网。

产品特点：巴河莲藕，藕身呈长圆筒形，表皮白色，无铜锈斑纹。每支藕一般为三节，节间粗壮，平均节长20厘米。肉嫩质脆，化渣、水分足。

历史渊源：巴河莲藕自东晋时期即已成为宫廷贡品，北宋时期因苏东坡题诗而更加闻名。清代时又再次列入宫廷贡品。近代诗人闻一多先生也曾写下著名的诗歌《故乡》，其中称赞巴河莲藕。

保护范围：巴河莲藕地理标志产品保护范围为湖北省浠水县巴河镇芝麻湖水域高湖村、许咀村、万寿村、碧二村、江林村、碧峰村等6个村现辖行政区域。

产业化发展现状：对于巴河莲藕产业的发展，地方政府一直高度重视。2002年以来，浠水县人民政府将巴河莲藕产业作为全县的特色农业优先发展，藕农自发成立了浠水县巴河水产品专业合作社，有组织地实施标准化种植；到2018年，巴河莲藕种植面积达到1.8万亩，产量达到2.2万吨，产值1.86亿元，产销两旺的喜人局面让这千年的优质品种莲藕重现国内各大市场。

尽管如此，巴河莲藕产业还没有充分开发，产品的贮藏、深加工尚属浅层次阶段，产品形式仅限于鲜藕、藕粉等较单一产品，产品附加值没有得到充分体现，产业链也没有完全形成，缺乏区域内龙头企业的支撑，目前，仅有藕农自发成立的湖北美味佳精制食品股份有限公司从事巴河莲藕的产品开发工作，以藕粉生产为主。所以“巴河莲藕”产业开发还有很大的提升空间。

十二、散花藜蒿

产品概述：散花藜蒿，湖北省浠水县散花镇特产，全国农产品地理标志。2012年8月3日，农业部对其实施农产品地理标志产品保护。

资料来源：特色谷。

产品特点：散花藜蒿是将野生大叶藜蒿经大棚保护栽培而得到的、12月至次年3月间上市的反季节野生蔬菜，可食部分为地上幼嫩茎，颜色白绿，具特殊清香气味。

历史渊源：据《浠水县志》记载，散花藜蒿已有千年的种植历史，是鄂东名产。三国时期，周瑜训练水师，经常取藜蒿、菱角、茭白等野生蔬菜以作军用，给士兵强身健体。

保护范围：散花藜蒿的地理标志保护的区域范围为浠水县散花镇西南部，分布在策湖周围，东为仙女庙村，西为仄船地村，南为禹山村，北为红莲巢村的地理范围内。

产业化发展现状：随着人们对藜蒿消费认识的提高，市场前景越来越好，当地政府和农民越来越重视散花藜蒿的种植，由原来农民自产自食的小农生产模式，逐步发展成为规模化生产，在当地政府主管部门的指导下成立“藜蒿专业合作社”，菜农生产的藜蒿全部由合作社经纪人组织统一销往全国各大中城市。据不完全统计，截至2018年年底，散花地区种植藜蒿面积已达1800余亩，藜蒿产量达180吨，产值144万元。尽管如此，散花藜蒿的品牌价值还没有完全得到开发，产品的形式仅局限于鲜蔬菜出售，藜蒿的深加工、藜蒿的衍生产品还没有开发出来。

十三、罗田板栗

产品概述：罗田板栗，湖北省罗田县特产，中国国家地理标志产品。2007年9月3日，国家质检总局批准对罗田板栗实施地理标志产品保护。

资料来源：知乎。

产品特点：罗田板栗色、香、味俱佳，兼有南方板栗的香脆和北方板栗的甜糯，色泽亮丽、入口甘醇，生食、熟食皆宜。

历史渊源：罗田县人工栽种板栗的历史悠久。《罗田县志》记述，罗田在春秋、战国以前已经开始种植板栗。明清时期，罗田所产的板栗在湖广一带颇有名气，汉口兴隆的板栗买卖，其原料十之八九来自罗田县。

保护范围：罗田板栗地理标志产品保护范围为湖北省罗田县胜利镇、河铺镇、九资河镇、白庙河乡、大崎乡、平湖乡、三里畈镇、匡河乡、凤山镇、大河岸镇、白莲河乡、骆驼坳镇等12个乡镇现辖行政区域。

产业化发展现状：罗田板栗生产基地面积从1985年的6.6万亩发展到现在的98万亩，常年鲜板栗产量4万吨，栗农收入近2亿元。罗田是全国板栗第一大县，建成了“三区三带”：“三区”就是县南20万亩早熟品种板栗区，县中25万亩中熟鲜果高效板栗区，县北20万亩晚熟品种保鲜板栗区。“三带”就是以“罗田—九资河公路线面积21万亩、罗田—胜利公路线面积24万亩、318国道公路线面积20万亩”三条主要公路沿线两侧为主的罗田县大别山南麓板栗经济林带，实现规模区域化、品种优良化、生产专业化。全县已建成千亩以上连片基地128个，500亩以上的板栗基地260个，100亩以上的板栗场500多个，50亩以上的板栗场1000个，5亩以上的板栗园10000多个。板栗年产量过2500吨的乡镇6个，年产量过100吨的村60多个，年产板栗1.5吨以上、年收入过万元的农户达2000户。现基本形成乡乡镇镇有基地、村村组组有栗场、家家户户有栗园的产业格局。目前，罗田板栗面积、产量跃居全国第一位，被誉为全国板栗生产第一县。板栗加工企业达181家，年加工能力达1万吨。在市场建设方面，罗田县先后投资2000多万元，建成了大别山板栗交易市场和12个乡镇板栗专业交易市场，并在全国大中城市广泛设立窗口市场，形成了比较完善的市场体系。罗田板栗及加工产品已销售至国内20多个省市，出口到除非洲和拉丁美洲之外的20多个国家和地区。罗田板栗生产、加工、销售一条龙的产业体系已经形成。

十四、罗田甜柿

产品概述：罗田甜柿，湖北省罗田县特产，中国国家地理标志产品。2008年9月19日，国家质检总局批准对“罗田甜柿”实施地理标志产品保护。

资料来源：百度百科。

产品特点：罗田甜柿是不经人工脱涩即可食用的自然脱涩品种，生食口感好，其中尤以原产地錾字石甜柿久负盛名。“罗田甜柿”是一种水溶性膳食纤维的天然绿色水果，果实橙黄色，果面富有光泽，清香诱人，营养极其丰富。

历史渊源：清朝康熙年间（1662—1722年）编撰的《罗田县志》“祥异”一节里记述，“宋明道元年（1032年），黄州桔木及柿木连枝”（宋代罗田县属黄州管辖）。罗田甜柿已有近千年历史。

保护范围：罗田甜柿地理标志产品保护范围以湖北省罗田县人民政府《关于拟界定罗田甜柿地理标志产品保护范围的函》（罗政函〔2007〕80

号）提出的范围为准，为湖北省罗田县现所辖行政区域。

产业化发展现状：罗田甜柿生产已经形成了一定的规模。截至2018年，全县甜柿栽培总面积达4.8万多亩，甜柿年总产量达6930吨，年产值3800万元。集中产区主要分布在罗田县西北部大崎、三里畈、胜利、九资河和罗田县中部的凤山、平湖、河铺等乡镇。罗田县东南部的大河岸、白庙河、匡河、白莲河、骆驼坳等乡镇目前只是分散栽培，尚未形成规模。涌现出了葱子石、唐家山、八迪河、东冲畈、平头岭、纸棚河、方家冲等一批甜柿生产专业村。

十五、九资河茯苓

资料来源：搜狗百科。

产品概述：九资河茯苓，湖北省罗田县特产，中国国家地理标志产品。2007年9月3日，国家质检总局批准对“九资河茯苓”实施地理标志产品保护。

产品特点：九资河茯苓个大均匀，质地坚实，洁白光亮，药用性能尤佳。

历史渊源：罗田生产茯苓迄今已有2000余年的历史，是中国著名的“茯苓之乡”。据《罗田县志》记载，清乾隆三年（1738年），罗田茯苓正式挂上“九资河”牌号向蒙古、日本以及东南亚等地销售。据《湖北贸易志》记载：从清同治十一年（1872年）起，九资河茯苓就经汉口、厦门、广州等商埠出口东南亚、日本及欧洲各国，被国外客商誉为中药珍品。

保护范围：九资河茯苓地理标志产品保护范围以湖北省罗田县人民政府《关于界定九资河茯苓地理标志产品保护地域范围的函》（罗政函〔2006〕23号）提出的范围为准，为湖北省罗田县九资河镇、河铺镇、胜利镇、白庙河乡、平湖乡、凤山镇、大河岸镇等7个乡镇现辖行政区域。

产业化发展现状：罗田县九资河茯苓生产已经形成了一定的规模，种植面积达到1.9万亩，潮苓年产量1.9万吨，年产值1.5亿。目前有四种主要生产方式：一是农民群众自发生产，以家庭为单位从事的小规模种植。二是规模化种植，2004年湖北惠涛九资河药业有限公司在罗田县九资河镇落户，公司采取了提供优质菌种、免费服务、保护价收购等服务方式，同苓农签订合同 1.5 万余份，实现了茯苓规模化种植。三是实施“GAP 认证的标准化种植示范项目”，示范面积达 2000 亩，该项目开展“大别山茯苓优良品种选育”课题研究取得了一系列的科研成果和知识产权，该技术推广应用后使茯苓的发酵率由原来的 45%提高到现在的 95%以上，产量有了大幅度提高。四是组建了九资河茯苓专业合作社，并于 2006 年 7 月正式注册登记成立，注册资金 100 万元，合作社有入股社员 600 户，直接带动 6500 户农民生产种植茯苓，现已自建茯苓种植基地 225 亩，辐射带动社员连片种植茯苓 1000 亩，年生产茯苓 100 万窖，年产鲜茯苓 2000 吨，销售收入 1500 万元，利税 100 万元，每年向社员分红返利 15 万元。

十六、罗田苍术

产品概述：罗田苍术，湖北省罗田县特产，中国国家地理标志产品。2011 年 11 月 30 日，国家质检总局批准对“罗田苍术”实施地理标志产品保护。

资料来源：特产通。

产品特点：苍术，又名霜树，为多年生直立草本。表面灰棕色，有皱纹及横曲纹。香味浓郁。

历史渊源：罗田县自明代以来历次县志载述均把茅苍术列为重要特产，有“罗苍”之称。

保护范围：罗田苍术（罗苍）产地范围为湖北省罗田县胜利镇、河铺镇、九资河镇、白庙河乡、大崎乡、平湖乡、三里畈镇、匡河乡、凤山镇、大河岸镇 10 个乡镇，天堂寨、薄刀峰、青苔关、黄狮寨 4 个国有林场现辖行政区域。

产业化发展现状：近年来，罗田县大力发展苍术产业，主产区位于九资河镇滥泥畈、罗家畈，白庙河乡牌形铺、鸡鸣，河铺镇牌形地、八迪河，胜利镇陈家畈、黄泥畈，以九资河的三省坛、胜利镇的乱石河和薄刀峰所产苍术质量为佳，有个大、质坚、香气浓郁等特点，堪称“罗苍”之最。截至 2020 年，罗田苍术种植面积 6700 亩，产量达 380 吨，产值达 1950 万元。

十七、罗田金银花

产品概述：罗田金银花，湖北省罗田县特产，中国国家地理标志产品。2011 年 11 月 30 日，国家质检总局批准对“罗田金银花”实施地理标志产品保护。

资料来源：特产通。

产品特点：金银花是一种木质藤本植物，花初开为白色，后转为黄色，因此得名金银花。具有清热解毒功能。

历史渊源：“金银花”一名始见于李时珍《本草纲目》，在“忍冬”项下提及，因近代文献沿用已久，现已公认为该药材的正名，并收入《中国药典》。2011 年，湖北省 16 个项目被批准为国家级农业标准化示范区，罗田的金银花位列其中。

保护范围：罗田金银花产地范围为湖北省罗田县胜利镇、河铺镇、九资河镇、白庙河乡、大崎乡、平湖乡、三里畈镇、匡河乡、凤山镇、大河岸镇、白莲河乡、骆驼坳镇 12 个乡镇，天堂寨、薄刀峰、青苔关、黄狮寨 4 个国有林场现辖行政区域。

产业化发展现状：罗田县总面积 2144 平方千米，罗田的大气、土壤、温度、湿度、水源非常适合金银花生长。除原有野生金银花外，目前金银花人工种植也得到了不断发展，产业发展也非常好。

截至 2019 年 8 月，100 亩以上金银花种植基地 256 个，500 亩以上基地 6 个，种植面积达 17 万亩。涌现了食为天食品饮料有限公司、楚天舒生物科技有限公司、康思源生物科技有限公司等一批全国知名企业，金银花产业年产值 12 亿余元。

十八、罗田天麻

产品概述：罗田天麻是湖北省罗田县的著名特产，当地生产的天麻不仅质量高，且产量丰富，深受人们的喜爱，而罗田县九资河镇也享有“天麻第一镇”的美誉。2016 年 11 月 2 日，农业部对其实施农产品地理标志产品保护。

资料来源：中国乡村振兴网。

产品特点： 罗田天麻其特点为表面金黄，有明显褶皱，其断面非常平整，质地坚硬不易断裂，其表面气味微香，口服味道微甜。罗田天麻采用仿野生天麻环境种植，不使用任何肥料和农药，力求保持纯天然的优良品质。

历史渊源： 2015 年罗田县九资河镇被称为“天麻第一镇”，天麻总产量占全国总产量的三分之一。

保护范围： 罗田天麻地理范围为湖北省罗田县所辖的九资河镇、白庙河镇、大河岸镇、凤山镇、胜利镇、匡河镇、河铺镇、平湖乡、白莲河乡、天堂寨林场、薄刀峰林场、青苔关林场、黄师寨林场等 13 个镇（林场）。

产业化发展现状： 2017 年罗田县为了提高中药材产业发展水平，促进中药材由种植型向质量效益型转变，建立中药材强县，县委、县政府出台了《关于进一步推进现代中药材产业发展的意见》，为罗田天麻产业化发展指明了方向，提供了政策支持。

截至 2018 年，全县天麻种植面积 1.5 万亩，亩产量 800 公斤，年产量 1.2 万吨，年产值 1.5 亿元，亩产值 1 万元，种植区域广泛分布于 11 个乡镇、2 个林场，共 313 个行政村，参与种植的农户达 14500 户。2016 年罗田天麻成功申报农产品地理标志，成为罗田县首个通过国家农产品地理标志登记保护的产品，实现农产品地理标志“零”的突破。

十九、英山云雾茶

资料来源：长江云。

产品概述： 英山云雾茶，湖北省英山县特产，中国国家地理标志产品。2009 年 12 月，国家质检总局批准对“英山云雾茶”实施地理标志产品保护。

产品特点： 香高、味醇、耐冲泡。

历史渊源： 英山云雾茶得名于湖北大别山主峰天堂寨的“天堂”二字，因是高山和半高山茶场所产，故定名为英山云雾茶。

保护范围：英山云雾茶地理标志产品保护范围为湖北省英山县南河镇、方家咀乡、温泉镇、红山镇、孔家坊乡、金家铺镇、石头咀镇、杨柳湾镇、雷家店镇、草盘地镇、陶家河乡等11个乡镇现辖行政区域。

产业化发展现状：英山县具有丰富的茶叶种植资源，“八山一水一分田”的1499平方千米版图面积上，群山绵延，土地肥沃，山川秀丽，是全国的重点产茶县。全县309个村，村村有茶叶，茶叶专业村达到50个，万亩以上茶叶乡镇10个，万亩茶叶带5个，千亩茶叶小区50多个，被国家授予“全国重点产茶县”“中国茶叶之乡”“中国绿茶之乡称号”。现有省级龙头企业2家，市级龙头企业5家，有4家企业先后荣获“黄冈市茶叶出口重点加工企业”“湖北茶业十强企业”“黄冈市十佳名优茶加工企业”称号。

2018年全县茶园面积达到26.18万亩，春茶开采面积达到22.6万亩。

二十、英山桔梗

产品概述：英山桔梗，湖北省英山县特产，中国国家地理标志产品。2012年11月23日，国家质检总局批准对“英山桔梗”实施地理标志产品保护。

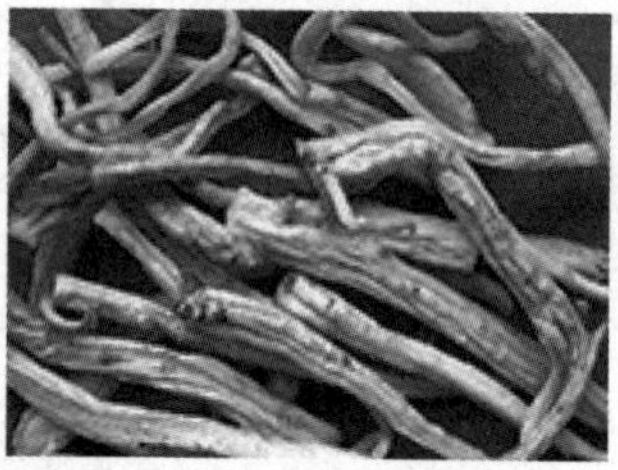

资料来源：特产通。

产品特点：呈圆柱形或略纺锤形，下部渐细。表面白色或淡黄白色，不去外皮者表面黄棕色至灰棕色，质实体重，硬而不易折断。断面菊花心明显，味微甜后苦。

历史渊源：英山县位于大别山南麓，桔梗栽培历史悠久，是著名的桔梗之乡。曾获1938年巴拿马博览会金奖。

保护范围：英山桔梗（英桔）产地范围为湖北省英山县温泉镇、孔家坊乡、石头咀镇、陶家河乡、草盘地镇、杨柳湾镇6个乡镇现辖行政区域。

产业化发展现状：截至2018年年底，英山桔梗种植面积1.66万亩，产量600万公斤，产值8500万元，税收贡献150万元，出口额3000万元。英山桔梗生产经营的企业有8家，其中以英山县吉利中药材有限责任公司和北京同仁堂湖北中药材有限公司等目前产业发展非常好。

二十一、黄州萝卜

资料来源：特产通。

产品概述：湖北省黄冈市黄州区特产，中国国家地理标志产品。2008 年 9 月 19 日，原国家质检总局批准对“黄州萝卜”实施地理标志产品保护。

产品特点：斛斗型萝卜，肉质根入土部分为白色，肉质根约有 1/4 部分露出地面的青头，呈绿白色，地面以上青头部分呈黄绿色。质地紧密，味甜、香脆。

历史渊源：东汉时期，黄冈市黄州区黄州萝卜就有种植的记载。1959 年，黄州萝卜被选送参加国庆 10 周年全国农产品展览。2008 年 3 月，黄冈市黄州区创建黄州萝卜生产标准化示范区。

保护范围：黄州萝卜地理标志产品保护范围为湖北省黄冈市黄州区陶店乡、路口镇、堵城镇、禹王街道办事处、东湖街道办事处、南湖街道办事处等 6 个乡镇街道办事处现辖行政区域。

产业化发展现状：20 世纪 90 年代开始，原黄冈县（黄州区前身）政府组织科技力量，加强对“黄州萝卜”科技攻关。1992 年入选湖北省名、特、优、新农产品开发项目库，成为湖北省具有开发前景的名优农产品资源之一。截至 2019 年底，黄州萝卜种植面积达 5 万亩，总产量达 80 万余吨，年产值超过 11 亿元。

二十二、叶路大蒜

资料来源：百度百科。

产品概述：叶路大蒜，湖北省黄冈市黄州区特产，中国国家地理标志产品。2014 年 9 月 2 日，国家质检总局批准对“叶路大蒜”实施地理标志产品保护。

产品特点：叶路大蒜叶狭长而扁平，叶面较小而直立成株。蒜苗由许多叶包裹而形成假茎，不中空。蒜砣表皮白色，每个蒜砣有5~7瓣。蒜瓣饱满，辛香味浓。

历史渊源：叶路大蒜早在明朝已有种植。1949年以前，叶路大蒜常年种植面积在万亩左右。改革开放以后，叶路大蒜面积逐年扩大。20世纪80年代中期，叶路大蒜种植面积达13000余亩。

保护范围：叶路大蒜产地范围为湖北省黄冈市黄州区堵城镇、禹王街道办事处，共2个镇街道办事处现辖行政区域。

产业化发展现状：“叶路大蒜”是黄州区农副产品中对外贸易的主要产品之一，产品销往北京、武汉、南京等地，市场声誉极好。1999年、2001年分别荣获中国国际农业博览会“名牌产品”荣誉称号，其中黄州苏蒜通过了国家无公害食品认证；荣获第12届中国武汉农博会“金奖农产品”。

经过多年的发展，作为满足黄冈城市居民生活需求的“菜篮子”工程的叶路大蒜，种植面积不断扩大，生产总量逐步增长。2018年，“叶路大蒜”种植面积近两万亩，蒜砣产量达到16000吨，净产值达到约5600万元。

二十三、团风荸荠

产品概述：团风荸荠，湖北省团风县特产，中国国家地理标志产品。2009年11月16日，国家质检总局批准对“团风荸荠”实施地理标志产品保护。

资料来源：百度百科。

产品特点：荸荠又名“马蹄”“地栗”，肉质洁白、脆嫩多汁、醇甘清香、营养丰富，自古有“地下雪梨”之美誉。荸荠果蔬兼用，还有很好的医疗保健效果。

历史渊源：团风县栽培荸荠有400多年的历史，清乾隆二十四年（1759年）、道光二十八年（1848年）、光绪八年（1882年）、光绪九年（1883年）史料中均有记录。

保护范围：团风荸荠地理标志产品保护范围为湖北省团风县淋山河镇、方高坪镇、马曹庙镇等3个乡镇现辖行政区域。

产业化发展现状：为了将团风荸荠这张特色牌打好，近年来，团风县采取了一系列行之有效的措施，成立了荸荠生产产业化领导小组，年终组织农户验收，实行奖惩制度；成立团风荸荠生产技术研究所并在淋山河等乡镇开展无公害荸荠标准化种植；出台优惠政策，颁发《中共团风县委、团风县人民政府关于推进荸荠产业化的优惠政策》文件，对农户进行技术指导，对加工企业给予扶持；举办“团风荸荠节”，以多种宣传方式扩大团风荸荠知名度，凸显团风人文环境。在这些措施的推动下，团风荸荠产业得到快速发展。

截至2019年底，团风县荸荠种植面积由建县初的1950亩扩大到现在的近21000亩，区域内主要采用“早稻—违荠”种植模式，荸荠以“鄂荠1号”为当家品种，一般平均亩产1860公斤，年产3.9万吨，亩平收入3885元，年实现经济收入7428万元。

二十四、团风射干

产品概述：团风射干属多年生草本植物，具有清热解毒、祛痰利咽、活血消肿的药用价值，对常见致病性真菌有较强的抑制作用。2011年12月6日，国家质检总局批准团风射干为地理标志保护产品。

资料来源：特产通。

产品特点：呈不规则的结节状，表面黄褐色或黑褐色，皱缩，有较密的环纹。质地坚实，断面金黄色，味道苦涩。

历史渊源：射干，最早载于《神农本草经》，为常用中药材之一。

保护范围：团风县但店镇、贾庙乡、杜皮乡3个乡镇现辖行政区域。

产业化发展现状：近十年来，团风县大力实施质量兴县、精品名牌战略，以政府为主导、以企业为主体、以部门协作和社会参与相结合的办法，推进农业标准化生产。

2011年12月6日，团风射干获得原国家质检总局批准为地理标志产品。据统计，2015年团风射干药材种植GAP示范面积达1005亩，辐射带动面积4995亩，全县常年种植面积为7995亩，其中射干传统产地贾庙乡4005亩。

2018年，全县射干种植面积达7995亩，产量1600余吨，系列产值

1.05 亿元。如今，团风射干产量质量稳步提升，各种专业合作社、射干产品经纪人以及药材加工企业正在逐渐形成并不断发展壮大，团风射干产业迎来了新的春天。

二十五、谢河辣椒

产品概述：谢河辣椒，湖北省团风县特产，中国国家地理标志产品。2012 年 12 月 18 日，国家质检总局批准对“谢河辣椒”实施地理标志产品保护。

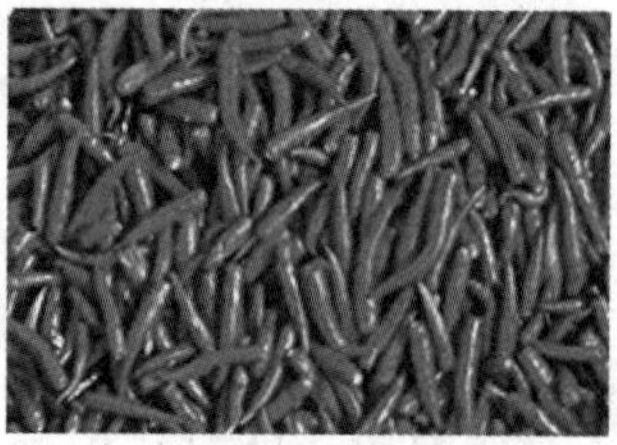

资料来源：特产通。

产品特点：呈长圆锥形，果色鲜红，果面光滑、硬实。皮薄肉厚籽少，肉质脆嫩。辣中带甜。

历史渊源：清初，团风县境内始种植辣椒；2013 年，团风县成立谢河辣椒种植专业合作社。

保护范围：谢河辣椒产地范围为湖北省团风县现辖行政区域。

产业化发展现状：谢河辣椒种植面积 30 亩，年产量 3 万公斤，年产值 18 万元。主要靠农户零散种植，没有种植大户参与。后期的深加工也是由镇上 7 家小作坊进行加工和销售。

二十六、团风苦荆茶

产品概述：团风苦荆茶，湖北省团风县特产，中国国家地理标志产品。2014 年 9 月 2 日，国家质检总局批准对“团风苦荆茶”实施地理标志产品保护。

资料来源：百度百科。

产品特点：苦荆茶因其味苦而树形又似荆棘得名，它含有人体需要的多种营养成分和矿物质元素，其中包括硒和锗两种抗癌微量元素。

历史渊源：明朝，《本草纲目》有团风苦荆茶的记载。1977 年，湖北省植物研究所验证，苦荆茶系“猫儿刺树”变种。1991 年，团风县人民开始人工种植团风苦荆茶。

保护范围：团风苦荆茶产地范围为湖北省团风县贾庙乡、杜皮乡共2个乡现辖行政区域。

产业化发展现状：团风县2015年政府工作报告中指出，要大力发展特色农业。推动地标产品产业化，围绕团风荸荠、谢河辣椒、团风射干、团风苦荆茶等国家地理标志产品，加大基地建设力度，加快产品开发。截至2018年，苦荆茶种植超过两万余亩，年产量达到300吨，产值达450余万元。

二十七、红安苕

产品概述：红安苕是一种红苕的名称，它生长在大别山革命老区南麓的湖北省红安县，是红安人祖祖辈辈赖以生存的主要粮食作物。2009年9月21日，国家质检总局批准对“红安苕”实施地理标志产品保护。

资料来源：特色谷。

产品特点：红安苕外观呈现紫红色，且为长条状，皮薄肉红、少粉多糖，生吃甜而脆，熟食则温软而醇香。

历史渊源：红安红苕种植历史悠久，所产红苕以其品质好而著称湖北。红安苕不仅是红安著名农产品产业，更是红安当地红色精神、朴实民生的象征，承载了当地人们顽强拼搏的文化。

保护范围：红安苕地理标志产品保护范围为湖北省红安县太平桥镇、八里镇、觅儿寺镇、高桥镇、上新集镇、二程镇、城关镇、杏花乡、永佳河镇、七里坪镇、华家河镇、火连畈茶场等12个乡镇范围。

产业化发展现状：目前，全县红安苕种植面积达15万亩，年产量达37万吨，年产值3亿元，亩节本增效300元，红苕产业适度规模经营比重达到75%，带动全县农民增收3000万元，带动1.2万户贫困户脱贫致富。

二十八、老君眉茶

产品概述：老君眉茶，湖北省红安县特产，中国国家地理标志产品。2011年7月5日，国家质检总局批准对“老君眉茶”实施地理标志产品保护。

资料来源：长江云。

产品特点： 老君眉茶外形独特美观，其形似眉，条索紧细；汤色翠绿，香气清纯；滋味醇厚，甘甜爽口。

历史渊源： 老君眉茶早在清朝就广受喜爱。四大名著之一《红楼梦》中就曾描述，贾母曰："我不吃六安茶，要喝老君眉。"1998 年，湖北省红安县成立茶场，专门制作老君眉茶。

保护范围： 老君眉茶产地范围为湖北省红安县华家河镇老君山、金牛山、阳台山，七里坪镇天台山、大斛山、光宇山、杨尘山、紫云寨，杏花乡游仙山现辖行政区域。

产业化发展现状： 红安县老君眉茶厂生产产品为老君眉和老君岩绿两种系列产品。其中，老君眉系列分为五星老君眉、四星老君眉、三星老君眉三个级别；老君岩绿系列分为老君岩绿特级、老君岩绿一级、老君岩绿二级三个等级。包装共计两个系列，15 款包装。注册商标为"茗宿"牌老君眉茶。

截至 2017 年底，湖北省红安县已建老君眉地理标志有机茶园基地 3 万亩，年实现产值 7000 多万元。每年带动 8000 户茶农年均增收 3800 元。在扶贫政策辐射带动下，老君眉茶场发挥龙头企业的引领作用，积极主动参与精准扶贫，形成了茶产业和精准扶贫相互促进的良好局面。2017 年，老君眉茶场新建茶园基地 660 亩，带动 100 户贫困户，户均增收 3000 多元。

二十九、红安花生

资料来源：百度。

产品概述： 红安花生，湖北省黄冈市红安县特产，全国农产品地理标志。2013 年 4 月 15 日，农业部正式批准对"红安花生"实施农产品地理标志登记保护。

产品特点： 红安花生荚果多为双仁，籽仁椭圆形，表皮粉白色或粉红色，色泽鲜艳。生食清脆甘甜，熟食香脆可口，不油不腻，风味独特。

历史渊源：红安县种植花生历史悠久，清宣统元年（1909 年）便有记载。清末民初，红安花生栽培面由北向南扩展并覆盖全县。红安人视花生为吉祥喜庆的象征，民间喜庆宴席必定少不了花生。除夕夜守岁，红安人家家炒花生，大年初一必定要以花生待客。

保护范围：红安花生的地理标志保护的区域范围为红安县行政区内各乡镇，分别为城关镇、杏花乡、七里坪镇、华家河镇、二程镇、上新集镇、高桥镇、觅儿寺镇、八里湾镇、太平桥镇、永佳河镇、火连畈茶场共 12 个乡镇（场）。

产业化发展现状：红安县是湖北省少有的几个花生生产大县之一，新中国成立后红安花生种植形成了较大规模。1957 年，红安花生面积发展到 7.9 万亩，总产量达 1400 万公斤，是当时全国面积最大、总产量最多的花生大县。2000 年红安县花生原产品产值 1.295 亿元，占种植业总产值的 17.73%，县中北部主产乡镇占种植业的 30%以上，部分村达到 50%左右。2018 年，红安县花生总种植面积 30 万亩，总产量达 8.4 万吨，年产值 5 亿元，为全省花生产业发展做出了较大的贡献。

三十、麻城福白菊

产品概述：麻城福白菊，湖北省麻城市特产，中国国家地理标志产品。2014 年 4 月 8 日，国家质检总局批准对“麻城福白菊”实施地理标志产品保护。

资料来源：搜狐。

产品特点：麻城福白菊朵大肥厚、花瓣玉白、花蕊深黄，汤液清澈、金黄带绿，气清香，味甘醇美。

历史渊源：麻城于宋至道三年（997 年）开始种植菊花。历经千年培育，常年种植面积达 10 万余亩，品质和产能居中国三大菊花基地之首。

保护范围：麻城福白菊产地范围为湖北省麻城市福田河镇、黄土岗镇、乘马岗镇、三河口镇、顺河镇共 5 个乡镇现辖行政区域。

产业化发展现状：“麻城福白菊”是全国三大白菊知名品牌之一（福白菊、杭白菊、盐城菊花），是大别山地区独有的名花良药，是湖北省大宗地道优势中药材品种。“麻城福白菊”主产于麻城市北部山区的以福田河镇为中心的五个乡镇，产业涉及人口30余万。

2018年，福田河镇依托福白菊，成功申报为省级特色小镇，计划建设原种保护中心、福白菊文化中心、福白菊加工中心、仓储交易中心和示范种植中心。福白菊加工园、观光园和交易大市场等产业园区已分步建成，福白菊文化中心主体工程已基本完工。另外，福田河镇引进的湖北凤凰白云山、北京诚毅投资有限公司等市场主体，投资建设“菊花健康养生谷”。

三十一、龟山岩绿茶

产品概述：龟山岩绿，湖北省麻城市特产，中国国家地理标志产品。2012年12月27日，国家质检总局批准对“龟山岩绿”实施地理标志产品保护。

资料来源：环球信息网。

产品特点：龟山岩绿为条形绿茶，芽头肥壮，叶质柔软，持嫩性强。汤色碧绿清亮，叶底黄绿嫩匀。

历史渊源：“龟山岩绿”史称龟山云雾茶，唐代以来就被列为宫廷贡品，宋史亦有记载。新中国成立后，湖北省人民政府将龟峰山划为著名风景区，于1958年建起了国营龟山茶场，经反复研究试验，于1959年研制出云雾茶之极品龟山岩绿茶。龟山岩绿问世后，因其形质俱佳，在20世纪60年代初，即列为湖北四大名茶之一。1980年10月被评为全国五大名茶之一。

保护范围：湖北省麻城市龟山茶场及龟山镇、三河口镇、木子店镇、张家畈镇4个镇现辖行政区域。

产业化发展现状：茶叶是湖北省国营龟山茶场的传统支柱产业，现有茶园6000亩，年产干茶600吨。“龟山岩绿”是茶场的品牌产品。远销东欧各国及国内19个省、市、自治区，先后二十多次在国际国内各级茶叶评比中获奖。

2013年9月，龟山茶场控股成立了茶叶产业化龙头企业——麻城市龟峰山岩绿茶叶有限公司。公司成立的宗旨在于发展大别山革命老区经济，着眼于麻城市茶叶种植、加工、销售、研发等全产业链的经营运作，规范茶农生产种植行为，深度开发高端茶叶新产品，提升麻城茶叶品质，创建龟山岩绿茶叶品牌。公司组建初期，吸收辖区8个农业行政村入股，2300余户茶农参与，辐射周边茶园8000亩。公司拥有名优茶加工机械近100台(套)，茶叶专用冷藏库500立方米，总资产2320万元，建设了800多平方米的标准化精品名茶生产车间，引进清洁自动化流水生产线，该生产线在全省乃至国内均处于领先水平，可日产高档名优茶500公斤。名茶车间配备专业技术人员，制定了完备的技术操作规程，建立了严格的质量管理体系，引领全场精品名茶步入批量生产先进行列。在市场营销方面，公司成功吸收湖北首家专业茶文化推广公司——楚天茶道文化中心入股经营，实行“公司+基地+农户”的产业化经营模式，全方位开拓市场营销，组建第一年即树立了麻城市茶叶加工龙头企业地位。截至2017年已实现产值4900万元、销售收入4287.5万元，成功迈入国家农产品加工规模企业行列。

三十二、麻城辣椒

产品概述：麻城辣椒，湖北省黄冈市麻城市特产，全国农产品地理标志。2014年11月18日，农业部正式批准对“麻城辣椒”实施农产品地理标志登记保护。

资料来源：搜狐。

产品特点：麻城辣椒果实外观整齐，色泽光亮，果皮较薄，果肉厚而脆，微辣，味道鲜美。

历史渊源：辣椒在明朝嘉靖、万历年间传入中国。在农村的深秋时节，麻城家家户户门前都要挂上几串鲜红的辣椒，条件好的人家还要泡上几大缸。冬天，家人围坐在吊锅旁吃着有辣椒的吊锅菜，喝着老米酒，满屋弥漫辣椒味和老米酒香，这一习俗在大别山区域延续了几百年，仍在传承。

保护范围：麻城市所辖中馆驿镇、宋埠镇、歧亭镇、铁门岗乡、白果镇、夫子河镇、阎河镇、龟山镇和黄土岗镇9个乡镇以及鼓楼、南湖、龙池3个办事处，共计338个村。

产业化发展现状：麻城市辣椒种植面积常年稳定在4146公顷左右，占全年蔬菜播种面积的17.4%；总产量16.4万吨，生产总值大约在3.28亿元，占全年蔬菜总产量的24.2%，亩产量2636公斤。主栽品种以杂交品种为主，主要为河南农大301系列、农大601系列以及苏椒5号等系列衍生种，种植面积大的有萧新401、默秀8号、久红601、东方椒霸、超大椒王、青果巨龙，搭配新佳美、薄皮王、早帅等30余个品种。

每年生产辣椒16.4万吨左右，生产总值大约在3.28亿元，其中本地销售2.6万吨、外销13.8万吨，以外销鲜椒为主。对外销售地主要是武汉市四季美农贸市场、武汉白沙洲农贸市场及麻城周边的黄冈市黄州区、九江、金寨、合肥、南京、新县、商城等。

三十三、张广河天麻

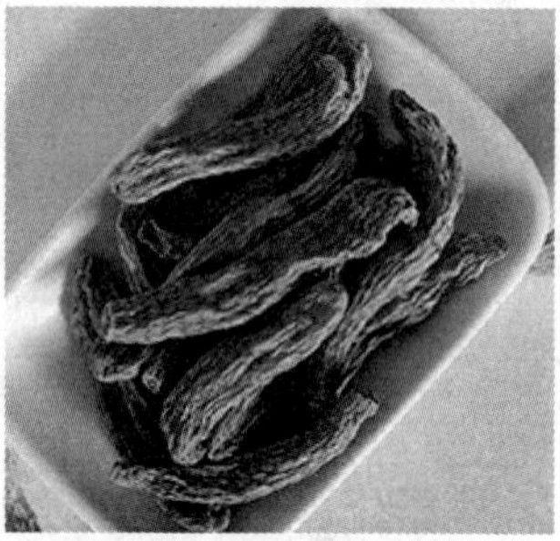

资料来源：站酷网。

产品概述：张广河天麻是一种珍贵药材，以三河口镇张广河为中心的九个村仿野生天麻种植主产区，具有适合天麻生长的优厚的自然气候条件，决定了张广河天麻的优良品质。2016年，国家工商总局批准了“张天河天麻”地理标志证明商标。

产品特点：张广河天麻个大、肉多、肉质紧实、色泽黄润。

历史渊源：天麻是名贵中药材之一。天麻做药用已有一千多年的历史，用天麻酿成的养生酒亦被视为宫中珍品。古医书《神农本草经》和《本草纲目》里，均有天麻“除百病益寿延年”的记载。

保护范围：以麻城三河口镇张广河为中心的九个村，包括夏家冲、狮子峰、喻家畈、张广河、香草园、坳峰河、阳家冲、饶家畈、半道城9个行政村。

产业化发展现状：2016年，张广河天麻产业协会和天麻种植合作社成立，大力推进“张广河天麻”特色基地建设，将特色产业发展与精准扶贫工作相结合。该镇现有种植农户5000余户，从业农民20000余人，种植面积80000余亩，年产量约250万公斤，年产值7000多万元。产品畅销湖北、安徽、河南、香港等地，出口新加坡、马来西亚等国家。

近几年来，麻城市委、市政府将中药材产业作为县域经济的支柱产业和脱贫致富的主导产业，成立天麻等各种中药材专业合作社，大力推行"公司+基地+农户""合作社+基地+农户"等新型的生产经营模式，加大招商引资力度，打造一批中药加工的龙头企业，为天麻产业化发展奠定了坚实的基础。

第三节　农业养殖类产品研究

一、黄梅青虾

产品概述：黄梅青虾，黄梅青虾系指产于湖北省黄梅县境内源感湖及源感湖周边地区的青虾，湖北省黄梅县特产，中国国家地理标志产品。

资料来源：百度百科。

2010年4月6日，国家质检总局批准对"黄梅青虾"实施地理标志产品保护。

产品特点：黄梅青虾具有生长快、个头大、活虾淡青色、熟虾通红且鲜亮、肉嫩味美、营养丰富等特点。

历史渊源：20世纪80年代末，黄梅的一些渔民开始尝试研究和挖掘青虾资源，并适量运往苏浙沪等地，受到消费者的喜爱。1998年以来，湖北源感湖黄梅青虾原种场和中国科学院水生生物研究所携手合作，成立项目组，共同研究黄梅青虾良种工厂化繁育及集约化养殖技术，产业不断发展。

保护范围：黄梅青虾地理标志产品保护范围为湖北省黄梅县境内源感湖及源感湖周边的下新镇、独山镇、黄梅镇、刘佐乡、小池镇、孔垅镇、分路镇、灌港镇等 8 个乡镇现辖行政区域。

产业化发展现状：青虾已成为水产养殖业发展的主导品种，更是渔业增效、渔民增收的重要途径之一。党的十九大提出实施乡村振兴战略，青虾养殖达成规模后，产值过亿，可切实带动农民致富，实现乡村振兴。社渚镇 2017 年青虾产值就达到了 5.7 亿元。如果政府用更大的力度、更强的措施来重视黄梅青虾的发展，在黄梅青虾的种苗、饵料、鱼药、培训、防疫、生产规模、深加工产品、包装、营销等方面加大开发力度，黄梅青虾产业发展前景将更加广阔。

二、茅山螃蟹

产品概述：茅山螃蟹，湖北省浠水县散花镇特产，中国国家地理标志产品。2012 年 11 月 23 日，国家质检总局批准对“茅山螃蟹”实施地理标志产品保护。

资料来源：百度百科。

产品特点：茅山螃蟹学名“中华绒螯蟹”，以黄毛金爪、背青腹白、八足有力、膏肥黄满而独具风韵。茅山螃蟹体重每只达半斤，最肥的时节在立秋前后。蟹肉气寒味咸，营养丰富，味道鲜美。

历史渊源：茅山螃蟹因茅山港和茅山闸而得名，策湖仅以一条出水口经茅山港与长江相通，每年中秋后，在策湖育肥的螃蟹根据习性需洄游长江，必经茅山闸，当地百姓将在此地捕起的螃蟹称为茅山螃蟹。茅山螃蟹为明清两代的皇家贡品，老百姓也称之为贡蟹。

保护范围：茅山螃蟹（茅蟹）产地范围为湖北省浠水县散花镇策湖水域，涉及策湖村、蒿墩村、仙女庙村、山洲坪村、茅山闸村、四壕村 6 个行政村现辖行政区域，总面积 30.23 平方千米。

产业化发展现状：2018 年，茅山螃蟹养殖面积 1000 公顷，产量 100 余吨，产值 600 多万元，年纯利润 100 万元以上。近年来，茅山螃蟹采取策湖综合养殖基地与江苏南通客商联合经营的方式，由策湖公司提供养殖水域资源，江苏南通客商提供蟹苗和养殖技术，双方共同管理，产品产值对半分成，产品主要销往上海、广东、江苏、武汉等地，外地客商在当年8月集中与策湖综合养殖基地签订购销合同，集中批量发货。

三、浠水望天湖胖头鱼

产品概述：望天湖胖头鱼，湖北省浠水县特产，中国地理标志产品。2017年11月15日，国家质检总局批准对“望天湖胖头鱼”实施地理标志产品保护。

资料来源：百度百科。

产品特点：望天湖胖头鱼鱼体壮硕、圆润、有活力，口感有韧性，鲜美滑嫩，营养价值高。望天湖是国家一级水体，水质不经任何处理即达到饮用水标准。胖头鱼在其中放养，属纯野生状态。

历史渊源：明朝正德年间（1506—1521年），自巴河口修筑江堤，积水成湖。清朝嘉庆年间（1796—1820年）称望天湖。望天湖为亚热带季风性湿润气候，适宜养殖鱼类。

保护范围：湖北省浠水县巴河镇望天湖水域。

产业化发展现状：浠水县望天湖胖头鱼主要是众多渔民按照个人能力、面积养殖，渔民分散经营，缺乏合作意识以及市场意识。较大的养殖渔场是浠水县望天湖渔场，渔场是1990年5月在湖北省黄冈市浠水县注册成立的全民所有制企业，注册地址位于浠水县巴河镇。望天湖属优质淡水湖，紧邻长江，湖区丘陵交错，远离工业区，水质清澈，一直是出产高品质鱼类的首选地，特别是望天湖镇湖之宝——胖头鱼。

2018年，望天湖渔场湖面面积6000多亩，养殖面积1000亩，胖头鱼年产量120万~150万斤，产值1000多万元。

四、麻城黑山羊

产品概述：麻城黑山羊是利用大别山区优质地方良种山羊经多年选育提纯而形成的优良肉皮兼用型山羊，是农业部“黑山羊”种质资源保护对象。2017年11月15日，国家质检总局批准对“麻城黑山羊”实施地理标志产品保护。

资料来源：百度百科。

产品特点：麻城黑山羊肉质细嫩，适于鲜食或制成腊肉。其体型高大，遗传性能稳定，具有生长发育快、育肥性能好、肉质好、膻味轻、适应性强等优点。

历史渊源：麻城黑山羊主要是通过自繁自养、群选群育、长期定向选育发展形成的。麻城黑山羊原称“土灰羊”“麻羊”“青灰羊”，是从中心产区当地的土种羊中选择个体大、生长快、性情温驯的黑山羊留种进行长期的自发选育而成。1987—1994 年，湖北农学院刘长森教授一行利用大别山科技扶贫项目，开展了黑山羊的调查，加强了选种选配，使黑山羊的生产性能得以提高，主要生产性状、遗传性能趋于稳定，称为“麻城黑山羊”；1995—2001 年，湖北省畜牧局加大支持和技术指导，进一步促进了麻城黑山羊的纯种扩繁和推广工作，并正式命名为“麻城黑山羊”，其各项生产性能都比原有的黑山羊有大幅度提高。

保护范围：麻城黑山羊中心产区为湖北省麻城市，主要产于鄂豫皖三省交界的大别山地区以及与湖北交界的豫南地区。

产业化发展现状：麻城黑山羊适应性强，杂交优势明显，在大别山区 3 省 13 县得到了快速发展，生产规模迅速扩大，已推向全国 10 多个省份。随着麻城黑山羊深加工企业的引进和深加工项目的逐步落实、种羊交易市场和皮革加工场的建立，麻城黑山羊产业化的格局正逐步形成。

麻城现建有 1 个原种场和 6 个扩繁场，已经种植优良牧草一年生黑麦草（特高）1240 亩（核心示范区），实行围栏分区轮牧，示范村人工种草 4000 亩。带动了 12 个乡镇 46 个村 3000 多个农户走上了种草养羊的科技致富之路。

2017 年麻城市建成乘马岗镇乾源农牧公司、金牧野专业合作社、圆梦牛羊专业合作社和夫子河镇垄上美生态农业公司等 4 个畜牧养殖扶贫基地，目前已经带动了 2000 多户贫困户脱贫致富，户均增收 10000 余元。

2018 年麻城市山羊存栏量达到 33. 8 万只，出栏 29. 4 万只，其中麻城黑山羊种羊 7. 3 万只、优质麻城黑山羊肉羊 16. 7 万只，直接经济效益达 4. 9 亿元。麻城黑山羊产业经济效益、生态效益与社会效益逐渐凸显。

五、麻城绿壳蛋鸡

资料来源：乡土香味特产。

产品概述： 麻城绿壳蛋鸡属蛋肉兼用型品种，是大别山区自然形成的、以产绿壳蛋为特点的地方优良鸡种。产于湖北省麻城市，是麻城地方优质鸡种。2012 年 3 月 2 日，农业部对“麻城绿壳蛋鸡”实施农产品地理标志产品保护。

产品特点： 绿壳蛋鸡完全具备黑凤乌鸡的五黑特点，含有大量有极高滋补保健价值的黑色素以及人体必需的 17 种氨基酸、多种维生素和抗癌元素硒、铁等矿物质，其肉质乌黑结实、味香鲜美、口感极好，且药效卓越神奇，被誉为“药鸡”。麻城绿壳蛋鸡所产绿壳鸡蛋不仅味道好，而且富含碘、锌、硒等多种微量元素。

历史渊源： 麻城绿壳蛋鸡，因产绿壳蛋而得名，是中国特有禽种，被农业部列为“全国特种资源保护项目”。2001 年参加了全国农业博览会获得金奖。

保护范围： 麻城绿壳蛋鸡主产区为麻城市及周边的大别山地区的山区乡村。

产业化发展现状： 麻城绿壳蛋鸡有规模场饲养和农户庭院散养两种模式。富康家禽养殖专业合作社设有两个养殖基地，每年可向社会提供优质绿壳鸡蛋和土鸡蛋 2000 万只，该合作社两个基地常年存优质绿壳蛋鸡 2 万只。农户散养中心产区集中在麻城市的顺河镇存笼 1.3 万多只、乘马岗镇存笼 1.2 万多只、福田河镇存笼 0.8 万多只、三河口镇存笼 1.2 万多只、龟山镇存笼 0.4 万多只和木子店镇存笼 0.5 万多只，共计六个乡镇，存笼 5.4 万多只，占全市麻城绿壳蛋鸡存笼 60%以上。此外，大别山周边地区的安徽省的金寨县、河南省的新县、光山县以及湖北省大别山地区的红安县、大悟县、新洲区、罗田县、英山县、团风县等地还有少量零星分布。据统计，2010 年麻城绿壳蛋鸡存笼 9 万多只，占全市鸡存笼 943 万只的 1%左右。2017—2018 年麻城绿壳蛋鸡的存笼数较 2010 年度小幅上涨，有 10 多万只。

六、英山茶乡鸡

资料来源：中国乡村振兴网。

产品概述：英山茶乡鸡，湖北省英山县特产，中国国家地理标志产品。2016 年 11 月 4 日，国家质检总局批准对“英山茶乡鸡”实施地理标志产品保护。

产品特点：英山茶乡鸡体格中等，体态匀称，冠、肉捶、耳叶、脸均呈红色；白条鸡表皮和肌肉切面有光泽，肉质鲜美，无异味。

历史渊源：英山是著名的“茶叶之乡”。种茶养鸡是传统习惯，农民一般将鸡放养在房前屋后的茶园里。2015 年年初，英山县科技局、扶贫办和畜牧局规模试养“茶乡鸡”。

保护范围：英山茶乡鸡产地范围为湖北省英山县南河镇、方家咀乡、温泉镇、红山镇、孔家坊乡、金家铺镇、石头咀镇、陶家河乡、草盘地镇、雷家店镇、杨柳湾镇现辖行政区域。

产业化发展现状：英山茶乡鸡虽然养殖历史悠久，但养殖模式都是以农户散养为主。截至 2017 年底，英山县养殖专业合作社有茶乡鸡养殖户 70 多户，年规模 80 万只，系列产值 3.2 亿元，在产业化发展方面仍处于起步阶段。

近年来，英山县委、县政府提出做大做强英山茶乡鸡品牌，通过政府推动，培育龙头企业带动和主导，大力扶持村集体和农民合作社的发展。英山茶乡鸡正在形成“公司+基地+合作社+村集体+专业户+贫困户”的综合养殖模式。

七、大别山黑山羊肉

产品概述：大别山黑山羊肉，湖北省黄冈市特产，中国地理标志产品。2016 年 2 月 1 日，国家质检总局批准对“大别山黑山羊肉”实施地理标志产品保护。

产品特点：大别山黑山羊肉色鲜红，有光泽，脂肪呈白色，肉味清香少膻，爽口不腻，肉质鲜嫩，富有弹性。

资料来源：乡土香味特产。

历史渊源：1982—1986 年，黄冈市麻城福田河镇畜牧兽医站开展了品种资源的挖掘；1987—1994 年，湖北农学院利用大别山科技扶贫项目，开展了黑山羊的调查，选种选配；1995—2001 年，湖北省畜牧局对黄冈市麻城黑山羊进行纯种扩繁和推广，建设了大别山牛羊良种繁育场。

保护范围：大别山黑山羊产地范围为湖北省黄冈市麻城市、罗田县、英山县全境；蕲春县境内的株林镇、刘河镇、向桥乡、狮子镇、大同镇、檀林镇、张榜镇；红安县境内的七里坪镇、华家河镇；团风县境内的贾庙乡、杜皮乡、大崎乡、回龙镇；浠水县境内的绿杨乡、团陂镇；黄梅县境内的柳林乡、停前镇、五祖镇、苦竹乡、大河镇现辖行政区域。

产业化发展现状：近年来，黄冈市委、市政府高度重视大别山黑山羊产业，从政策和资金上大力支持大别山黑山羊产业的快速发展。已建立一批国家级山羊标准化养殖示范场和国家肉羊产业技术体系科研基地，一批养殖基地建设、生产加工、产业化科技创新等项目正有序推进。“十二五”以来，黄冈市畜牧业通过龙头企业带动，按照“龙头+基地+专业合作组织+品牌+营销”的全产业链模式和高效养殖模式，畜牧业产业化水平全面提升。

目前，黄冈市拥有麻城黑山羊等国家级种质资源品牌，拥有“湖北名羊”等知名品牌 25 个，拥有以锦秀林牧专业合作社为代表的一大批养羊专业合作社，大别山黑山羊养殖已初具规模，麻城、罗田、英山等地均有大规模的养殖企业。2018 年黄冈市肉羊出栏 60. 3 万只，羊肉近 2 万吨，产值超 10 亿元。近年来，黄冈市大别山黑山羊年存栏量约 70 万只。大别山黑山羊产业已经形成了龙头企业带动合作社、合作社带养殖大户、大户带贫困户的梯级辐射带动模式，是老区人民脱贫致富的新产业。

八、大金板鸭

产品概述：大金板鸭是湖北省黄冈市武穴市大金镇的特产。2018 年 9 月 5 日，农业部对“大金板鸭”实施农产品地理标志产品保护。

资料来源：湖北省人民政府网站。

产品特点：大金板鸭从选料、制作到煮食，都有一整套传统方法，食法可炖可烧。通体油珠闪亮、皮色金黄，肉质干而不柴，细嫩紧密，油而不腻。

历史渊源：相传南北朝时，侯景叛乱，围台城，梁朝审兵为守城顾不上吃饭。时值初秋，城中百姓便取白鸭洗净，加盐和佐料煮熟后，几十只鸭捆一捆，送到城上时，鸭子已又干又扁。士兵打开捆绑，香气扑鼻，都高兴地说："这压板了的鸭子真好吃，干脆就叫板鸭吧。"

保护范围：黄冈市武穴市大金镇。

产业化发展现状：近年来，为发展板鸭产业，武穴市人民政府十分重视，出台了相关扶持政策，加大了品牌建设力度。现全市板鸭龙头企业两家（大金板鸭厂、两路板鸭厂），完善了"公司+农户"的股份合作形式，成立了武穴市大金炳良鸭业专业合作社和武穴市朝阳海峰生态园。全市年加工大金板鸭15万只，年产值达到1200万元。

随着市场经济的发展，大金板鸭厂不断改造和扩建，板鸭生产加工能力得到提升，副产品加工业有了发展，开始加工皮蛋、鸭掌、鸭脖、鸭舌、鸭翅等。

第四节　工艺加工类产品研究

一、黄梅挑花

产品概述：黄梅挑花是广泛流传于湖北省黄梅县的传统民间艺术，湖北省黄梅县特产，中国国家地理标志产品。它以元青布作底，用针将五彩丝线挑制在底布的经线和纬线交叉的网格上，形成色泽绚丽、立体感强的图案。黄梅挑花属挑、补、绣这一民间刺绣的范畴，其内容丰富，品种繁多，图案精美，色彩富丽，具有浓郁的地方风格和民族特色。

资料来源：新浪财经头条。

2006年5月20日，黄梅挑花经国务院批准列入第一批国家级非物质文化遗产名录。2010年12月29日，国家质检总局批准对“黄梅挑花”实施地理标志产品保护。

产品特点：黄梅挑花属于中国传统的民间刺绣工艺，但它又不同于一般的刺绣。其刺绣重刺，刺绣时需在底布上下反复做刺绣的动作；挑花重挑，挑花时，只需在底布上方连续做挑花的动作。黄梅挑花的图案在构图上比较完整，图案布满整个画面，每件挑花作品的图案都有自己的主题。由于黄梅挑花来自民间，故其题材较为广泛，图案种类多样，包括团花、边花、填花、角花和花边等。各种不同造型的纹样组合在一起，表现出古朴典雅的艺术效果。

历史渊源：黄梅挑花起源于唐宋时期，发展成熟于明末清初。据《黄梅县志》记载：早在宋代，黄梅就有了十分讲究的挑花工艺。1958年，在黄梅县蔡山脚下发掘的明朝嘉靖四十一年（1562年）墓葬中，女尸头上搭有彩线挑绣的“福寿双桃”方巾，可以证明黄梅挑花这门民间工艺，距今至少有500年历史。

保护范围：黄梅挑花地理标志产品保护范围为湖北省黄梅县黄梅镇、新开镇、蔡山镇、孔垅镇、分路镇、小池镇、濯港镇、大河镇、五祖镇、刘佐乡、苦竹乡等11个乡镇现辖行政区域。

产业化发展现状：黄梅挑花作为新兴产业，发展迅猛异常。在2001年前，蔡山镇、孔垅镇就建有挑花社，后来以挑花社为起点，出现大量“仙女”“巾帼”“纤手”等黄梅挑花工艺有限公司。大胜工业园区的黄梅挑花工艺有限公司主要以挑花初级工艺产品“十字绣”为产业链，建有十字绣布织造、十字绣套件装配、镶裱车间三个生产线，占地2.13公顷，建筑面积4万平方米，注册资金208万元，固定资产2800万元，十字绣图案专利240个，年销售各项系列产品210万件，年产值6000万元。由于产品单一，研发有限，目前市场上十字绣竞争激烈，销售利润下滑。黄梅仙女挑花工艺有限公司依靠黄梅县海新职业技术培训学校的教研优势，开展以国家级非物质文化遗产“黄梅挑花”为主的产品开发、生产、加工和销售业务，包括单面“黄梅挑花”和双面“黄梅挑花”。该公司2010年注册资金10万元，有挑花女100多人，开发出窗帘、壁挂、方巾等20多个种类，发明黄梅挑花图案专利7个系列。由于经营规模普遍较小，产品畅销供不应求。现拥有涵盖窗帘、壁挂、服饰、床上用品、收藏工艺品等20多个系列，6000多个品种的畅销佳品，并形成了以“CMC”“巾帼”“邢绣娘”“仙女”等为代表的多个知名品牌，建立了分散稳定的黄梅挑花销售网络。全国有500余家代理商、3600余家黄梅挑花品牌专卖店，并有部分产品出口到欧美及东南亚等国家。2011年全县黄梅挑花产业值超过3亿元，利润2000多万元。2014年高峰期在全国有180多家代理机构，2000余家专卖店，销售5000多万元。采用“公司+农户”模式，目前销售量有所下滑。

二、黄梅鱼面

产品概述：黄梅鱼面，湖北省黄梅县特产，中国国家地理标志产品。2014年4月8日，国家质检总局批准对“黄梅鱼面”实施地理标志产品保护。

资料来源：黄梅县人民政府网。

产品特点：黄梅鱼面原名“捶鱼面”，鱼面形状似普通面条，以鲜鱼肉及红苕（红薯）粉为主要原料，成品富含人体所需蛋白质、钙等多种微量元素，是一种低胆固醇、纯天然的绿色营养食品，以色香味形著称，为湖北特产中的精品。

历史渊源：黄梅鱼面已有1000多年的历史，明朝时作为贡品连年上贡朝廷。相传黄梅县有一富人，有湖区亲戚来访，送以鱼。富人恐鱼腐，遂将鱼去皮、去骨，用石磨配以苕粉捣成泥，擀成面状，蒸熟、晒干、切丝而成面条状。它色如白银，久煮不煳，食客品尝后赞不绝口。黄梅渔民争相传颂，效仿制作，不断改进工艺，并命名以“黄梅鱼面”，作为节日佳肴和馈赠礼品。

保护范围：黄梅鱼面产地范围为湖北省黄梅县黄梅镇、下新镇、独山镇、濯港镇、大河镇、五祖镇、停前镇、柳林乡、杉木乡、苦竹乡共10个乡镇现辖行政区域。

产业化发展现状：黄梅县水产养殖面积达到31万亩，其中精养鱼池7.5万亩，鲜鱼年产量12万余吨。黄梅县倍加珍惜地方资源优势，科学论证，稳步规划，借助民间鱼面制作工艺，依托水产品产量优势，将鱼面加工从农村作坊转向规模生产，形成了极具黄梅特色的鱼面产业，“仙品皇”“二度梅”“年年有余”等品牌迅速走红。其中“仙品皇”牌黄梅鱼面作为湖北粤梅食品有限责任公司的品牌产品，畅销广东、江西、安徽，使产品在大中城市悄然“吃香”。现在黄梅已建起了现代化鱼面加工厂5家，分别是湖北粤梅食品有限责任公司、黄梅县年年有鱼制品有限公司、黄梅县二度梅食品有限公司、湖北明发薯业有限公司、湖北黄梅戏牌农业科技有限公司，采用全套自动化生产程序，年产量2000多吨，产值8000多万元。另有家庭作坊式生产300余家，年产量500多吨，产值2000多万元。

三、黄梅堆花酒

产品概述：黄梅堆花酒，湖北省黄梅县特产，中国国家地理标志产品。2015年12月29日，国家质检总局批准对“黄梅堆花酒”实施地理标志产品保护。

资料来源：特色谷。

产品特点：黄梅堆花酒采用黄梅生产的纯糯米、五祖寺的碧玉流泉水，选用特制的酒曲（即酵母），用专用制酒设备将原料通过配比混合、浸泡、蒸煮、配曲、发酵蒸馏、密藏醇化、过滤等独特工艺制造而成。它无色，清亮透明，米香纯正清雅，酒体醇和。

历史渊源：黄梅堆花酒产地位于佛教圣地四祖双峰山脚下的大河镇境内，其经营的黄梅堆花系列酒属千年传统老酒，已经有一千多年的流传和发展。黄梅堆花酒过去一直以烧酒相称，相传南宋某年初春的一天，白鹭书院学子文天祥春游归来，被一位好友拉进了酒店，文天祥看见酒在杯中白花叠起，经久不散，便赞道：“店家酿得好烧酒，真是香气扑鼻，层层堆花。”店家心中十分高兴，暗暗打听到这位书生名叫文天祥。后来文天祥英勇就义，人们便以堆花酒来纪念这位民族英雄。清代，乾隆下江南时，黄梅戏名伶邢绣娘带“黄梅老酒”前去献艺。乾隆帝在赏戏品酒时，见酒花堆出御杯而不溢，龙颜大悦，命名此酒为“大河堆花”。随着时间的变迁，“大河堆花”最终正名为“黄梅堆花”，一直沿用至今。

保护范围：黄梅堆花酒产地范围为湖北省黄梅县黄梅镇、大河镇、下新镇、独山镇、濯港镇、五祖镇、停前镇、杉木乡、孔垅镇、分路镇、新开镇共11个乡镇现辖行政区域。

产业化发展现状：白酒行业属于完全竞争性行业，市场化程度高，市场竞争激烈。从全国市场来看，企业竞争优势来源于自身品牌的影响力、产品风格以及营销运作模式。2017年，纳入国家统计局范畴的规模以上白酒企业1593家，市场集中度较低。近年来，白酒行业收入总体保持稳定增长，利润总额有所增加。2017年，全国规模以上白酒企业完成酿酒总产量同比增长6.86%；规模以上白酒企业累计完成销售收入5654.42亿元，同比增长14.42%；累计实现利润总额1028.48亿元，同比增长35.79%。

现在黄梅县建起了现代化黄梅堆花酒生产企业4家，分别是湖北黄梅堆花酒业有限公司、黄冈千年缘酒业有限公司（原黄梅县紫云山酒厂）、湖北六咀酒业有限公司、武汉市劲宝食品有限公司。这四家企业均取得食品生产许可证和HACCP食品安全管理体系认证，并采用全套自动化生产线生产，全年产量2000余吨，产值超过1.04亿元。产品销往全国十多个省市。全县以家庭式作坊蒸馏法生产的有20余家，小作坊生产的黄梅堆花酒主要以散装的形式在本县销售，以满足附近消费者的基本需要，也有以简单的塑料容器灌装后，作为宴请宾朋的宴席用酒或馈赠亲朋好友的礼品。

四、武穴酥糖

产品概述：武穴酥糖，湖北省武穴市特产，中国国家地理标志产品。2010年12月24日，国家质检总局批准对“武穴酥糖”实施地理标志产品保护。

资料来源：博雅特产网。

产品特点：武穴酥糖有香、甜、酥、脆四种特色。制作原料中主要有麻屑、白糖、香条、桂花等，食时甜酥，骨子虽用饴糖熬制而成，但松脆，落口消深，不粘牙齿。武穴酥糖呈麦黄色，骨子多层，松脆爽口，甜而不腻。

历史渊源：明朝万历年间（1573—1620 年），董糖始创。清朝道光八年（1828 年），董糖定名为武穴酥糖。

保护范围：武穴酥糖的地理保护范围主要是武穴市现辖行政区域。

产业化发展现状：武穴生产酥糖为主的食品企业发展到二三十家，武穴酥糖年产量达 4500 吨以上，产值近亿元，创利税 500 万元。规模较大的有美雅、广济、振雄、启胜等，年产值约 8000 万元。广济酥糖厂还开发出玉米酥糖，在市场上极为畅销。

五、武穴竹编

产品概述：武穴竹编，湖北省武穴市特产，中国国家地理标志产品。2012 年 12 月 27 日，国家质检总局批准对“武穴竹编”实施地理标志产品保护。

资料来源：百度百科。

产品特点：武穴竹编，色泽柔和，编织紧密、均匀；平面光滑，手感无毛刺；经纬比例恰当，图案清晰完整、层次分明；首尾衔接紧密，修边光平。

历史渊源：清朝光绪年间（1871—1908 年），武穴市始制作竹器；民国四年（1915 年），武穴雕花小竹椅被民国政府选中，将其漂洋过海送到在美国旧金山举办的巴拿马太平洋万国展览会（俗称“万国博览会”）参展；1954 年，周恩来总理出席日内瓦会议期间，发现了武穴竹编，大加赞叹。

保护范围：武穴竹编产地范围为湖北省武穴市武穴街道办事处、刊江街道办事处、田镇街道办事处、万丈湖街道办事处、梅川镇、余川镇、花桥镇、大金镇、四望镇、石佛寺镇、大法寺镇、龙坪镇 12 个镇、街道办事处现辖行政区域。

产业化发展现状：为了弘扬武穴悠久的竹文化、传承章水泉竹艺、发展竹经济、振兴竹产业，武穴市利用章水泉竹艺品牌和丰富的竹资源优势，组织章水泉第二、三代传人范道正、刘国安、甘建国等老艺人，利用武穴纸厂改制后闲置的厂房，创办了武穴市兴章竹艺制品有限公司。公司总投资400万元，主要产品有仿明清竹艺家具，竹器、竹雕、竹编三个系列产品300多个品种。生产的仿明清传统竹器工艺品古朴、典雅、精巧、端庄、大方，生产的仿明清竹艺家具在国内独树一帜。

武穴市委托轻纺工业行业协会牵头，协调文化、教育、人事、财政等职能部门，开办章水泉竹艺技能培训班，聘请章水泉第二代传人为师，传授竹编制作技能。武穴市竹编专家和艺人在继承武穴竹编工艺基础上又有新的发展，已开发生产竹器、竹编、竹雕等450多种，远销美国、日本及东南亚50多个国家和地区，武穴竹编工艺品再展雄风。2010年7月，武穴竹编亮相上海世博会，备受中外游客喜爱。

2010年后，武穴竹编又逐渐进入低谷，目前已无规模化企业支撑这一产业的发展，仅余章水泉竹艺传人胡昌武先生的私人作坊，主要产品为竹椅、竹凳，年制作量约180件，年产值约54000元。

六、龙坪油面

产品概述： 龙坪油面，湖北省武穴市特产，中国国家地理标志产品。2014年9月2日，国家质检总局批准对“龙坪油面”实施地理标志产品保护。

资料来源：中国乡村振兴网。

产品特点： 龙坪油面形状细如丝、白如玉，煮后不断条、不糊水、不粘连。龙坪油面含有蛋白质、脂肪、膳食纤维、碳水化合物等营养成分，并含有碳胺素、核黄素、烟酸、维生素E，以及铁、锌、硒等微量元素。

历史渊源： 明朝万历年间（1573—1620年），龙坪油面初始定型。清朝雍正微服下江南，拜访恩师金德嘉，金夫人用龙坪的特产龙须油面招待雍正。从小吃北方面食的雍正皇帝尝后赞不绝口，即兴赐封龙坪油面为龙（龙子）相（拜访）师（老师）油面，此后“龙相师”油面成为宫廷贡品。2007年6月，武穴市政府正式成立了龙坪油面专业合作社。

保护范围： 龙坪油面产地范围为湖北省武穴市龙坪镇现辖行政区域。

产业化发展现状：龙坪油面历来销路不错，但都是民间购销，而且规模小，大多是小作坊式生产。小作坊近两百家，从业者大多是农民，缺乏现代化管理意识。加之加工工艺独特和手工制作等原因的制约，导致龙坪油面难以形成规模化、系统化生产。为发展和弘扬这一传统产品，使得龙坪油面焕发出新的生命力，具有广阔的市场，武穴市质监局对龙坪油面加工行业进行了深入的专题调研。从帮扶小作坊规范生产加工行为、获得市场准入入手，通过生产许可规定的各项内容来规范整个行业，以达到弘扬传统产品、提升质量、促进发展的目的。

为了扩大销售渠道，打造龙坪油面品牌，龙坪镇党委、政府积极引导，扶持有条件、有基础的加工者，于2007年6月正式成立了龙坪油面专业合作社，注册了“金德嘉”商标，按照统一原料、统一工艺、统一商标、统一包装、统一销售的“五统一”标准，揭开了抱团发展、开拓市场的新篇章。现在，龙坪油面已逐步进入全国各地商超，并在周边地域开设了龙坪油面特产店，还通过“淘宝”“拍拍”等电子商务的方式进行网络销售。据统计，龙坪油面年产销量已达6000吨，年产值过6000万元，成为龙坪镇支柱产业之一。

七、蕲春酸米粉

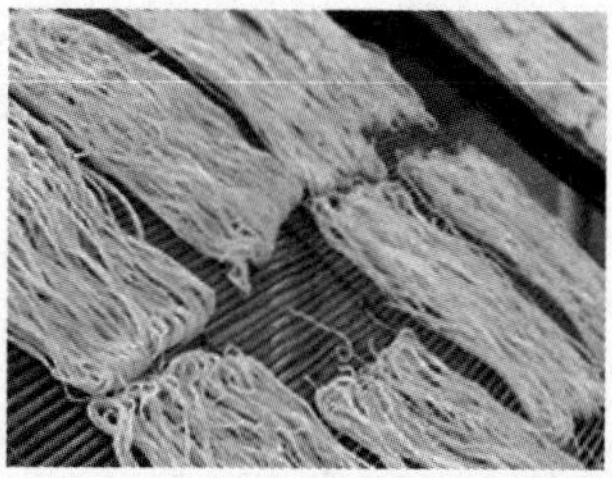

资料来源：蕲州在线。

产品概述：蕲春酸米粉，湖北省蕲春县特产，中国国家地理标志产品。2011年11月30日，国家质检总局批准对“蕲春酸米粉”实施地理标志产品保护。

产品特点：蕲春酸米粉选用优质早籼稻米经过二次自然发酵等15道民间传统工序精制而成，不含任何添加剂。晶莹剔透，酸爽入口，筋道感足，质地柔韧，色泽呈乳白色；圆条形、条形均匀，呈凝胶状结构；具有发酵性酸味。

历史渊源：清代嘉庆年间（1796—1820年），蕲春酸米粉曾作皇宫御食；2003年，蕲春县承担了早籼稻生产和质量管理体系建设，在横车镇、赤东镇建立早籼稻种植规范示范基地；2006年起，蕲春县委、县政府对蕲春酸米粉生产作坊进行升级改造。

保护范围：蕲春酸米粉产地范围为湖北省蕲春县蕲州镇、八里湖街道办事处、赤东镇、漕河镇、横车镇、彭思镇、管窑镇、株林镇、刘河镇、狮子镇、青石镇、向桥乡、张塝镇、檀林镇、大同镇15个乡镇街道办事处现辖行政区域。

产业化发展现状：2010年，蕲春县质监局会同当地农业局、粮食局、科技局等制定发布了《蕲春早籼稻种植技术规程》《蕲春酸米粉》两项蕲春县地方标准，全过程、全方位实行标准化管理，确保蕲春酸米粉产品质量。

蕲春县质监局鼓励家庭作坊进行升级改造，从环境条件、厂房布局、原料进厂、检验设备、人员培训等方面对照验收标准，帮扶指导，目前已有10家小作坊升级改造为生产企业，其中蕲春县夹河手工米粉厂等3家已取得食品质量安全生产许可证。

目前，蕲春酸米粉年产量达到1600万公斤，产值过2亿元。

八、管窑陶器

产品概述：管窑陶器，湖北省黄冈市蕲春县特产，中国国家地理标志产品。2017年12月8日，国家质检总局批准对“管窑陶器”实施地理标志产品保护。

资料来源：中国乡村振兴网。

产品特点：管窑手工制陶器形古朴厚重，刻画简洁生动，釉色流光溢彩，兼具艺术和实用功能。

历史渊源：蕲春县管窑镇素有“窑州”之美称，是湖北省著名的日用陶和工艺陶产区之一。其制陶业有史记载可追溯至明朝洪武二年（1369年），蕲春县管窑镇是湖北省的马口、麻城、蕲春三大传统制陶产业基地中，唯一仍然保持生产状态的制陶基地。

保护范围：管窑陶器产地范围为湖北省黄冈市蕲春县管窑镇现辖行政区域。

产业化发展现状：2017年，湖北明窑陶艺股份有限公司湖北楚陶文化产业基地被湖北省文化厅命名为“文化产业示范基地”。五名陶艺大师获评湖北省工艺美术大师，黄冈市仅此五人，都在管窑。湖北省和黄冈市美术家协会陶艺创作基地同时在工艺厂挂牌成立，管窑陶艺文化产业孵化基地在全县大会上喜获揭牌，湖北省第五届陶艺家柴烧活动在工艺厂成功举办。湖北明窑陶艺股份有限公司投入30万元改造大学生实习实训基地基础设施，开发出陶餐具等新产品；工艺厂投入100余万元改建厂房完善基础设施；李窑厂投入30万元修复龙窑和生产车间；红旗岗投入资金200多万元，建成全县首个陶艺文化广场，1.4千米陶艺旅游公路已硬化通车。

2019年湖北明窑陶艺股份有限公司二期建设全面启动，公司面貌焕然一新，企业产能大幅提升，但受非机械化、流水线生产方式限制，年产量约4万件，产值900万。

九、绿杨桥封缸酒

产品概述：绿杨桥封缸酒独具地域特色，沿袭民间传统秘方，采用淋饭法酿造工艺，将“三粒寸”糯米进行发酵加工，分缸密封隔年窖藏而成。口碑和占有率正在逐年提升，深受消费者的青睐。2015年8月10日，国家质检总局对“绿杨桥封缸酒”实施地理标志产品保护。

资料来源：中国乡村振兴网。

产品特点：绿杨桥封缸酒呈黄褐色，具有香气浓郁、酸甜醇和的独特风味，含有发酵微生物分解产生的多种糖类、氨基酸、维生素等营养物质，无任何色素添加剂。既是宴宾美酒，又是保健饮料，老少皆宜。

历史渊源：该酒1991年获得第二届省消费者满意杯金奖，同年获得轻工部优质产品称号，1994年在全国黄酒行业质量检评中被评为优质产品。

保护范围：湖北省浠水县清泉镇、兰溪镇共2个镇现辖行政区域。

产业化发展现状：为保护地方特色产品不受假冒伪劣产品侵害，2014年浠水县向国家质检总局申报“绿杨桥封缸酒”为国家地理标志保护产品，2015年绿杨桥封缸酒被国家质检总局批准为地理标志保护产品。2018年，浠水新天宝酒业有限公司获得“绿杨桥封缸酒”地理标志专用标志使用许可、黄冈市地标优品企业，“绿杨桥封缸酒”获得地标优品称号。

十、古泉清酒

产品概述：古泉清酒，湖北省英山县特产，中国国家地理标志产品。2015 年 12 月 29 日，国家质检总局批准对“古泉清酒”实施地理标志产品保护。

资料来源：中国乡村振兴网。

产品特点：古泉清酒是一种浓香型蒸馏白酒，以优质高粱、大米、糯米、小麦、豌豆、大麦为原料，以高温大曲为糖化发酵剂，采用大别山优质矿泉水或古井泉水酿造，通过传统勾调技术生产。“香气优雅舒适，口感绵甜醇厚，回味悠长干净，饮后余香缠绕”。

历史渊源：英山有着悠久的酿酒历史。北宋时期，古山村民取村中古泉之水酿酒，其酒清冽、甘醇，入口甘甜，余味绵长，酒的品质大大优于用其他水质酿造的酒，“古泉清”由此得名。自明代以来，英山县酿酒日趋兴盛，遍布全县。20 世纪 70 年代，古山村与县副食品公司联营，流传数百年的古山白酒开始规模化生产。

保护范围：古泉清酒产地范围为湖北省英山县温泉镇、红山镇、孔家坊乡、金家铺镇、石头咀镇、陶家河乡、草盘地镇、雷家店镇、杨柳湾镇共 9 个乡镇现辖行政区域。

产业化发展现状：2011 年，为深度开发“古泉清”资源潜力，实现优质资源的永续利用，英山组建湖北古泉酒业有限公司。在秉承传统酿造工艺的同时，大胆引进现代科学技术，使“古泉清”系列白酒以全新的面貌、全优的品质重返市场。公司一期投资 8000 万元，新建厂房，引进设备技术，请回老厂技术骨干，聘请知名酿酒大师，恢复了“古泉清”系列白酒的生产，至 2012 年共产白酒 500 吨，实现销售收入 4500 万元，创利税 1125 万元。2016 年，改组重建的湖北毕圣泉酒业有限公司，占地 30 亩，员工 60 人，总资产 3000 万元。2018 年产原浆基酒 100 吨，年预包装酒 20 万件，年产值 400 万元。

十一、红安大布

产品概述：红安大布，湖北省红安县特产，中国国家地理标志产品。2014 年 7 月 9 日，国家质检总局批准对“红安大布”实施地理标志产品保护。

产品特点：布面平整，丰满厚实；手感有弹性，质地柔软；透气性强、吸湿性好；无静电现象。

资料来源：湖北省人民政府网站。

历史渊源：红安自古盛产优质棉花，家家纺织，机杼相和，历来就有纺线、织布的优良传统。老粗布所具有的纯棉质地、手工织造、民族图案、古老民间工艺等特点显得尤为珍贵，在中国已有 4000 多年的历史。

保护范围：红安大布产地范围为湖北省红安县太平桥镇、八里湾镇、觅儿寺镇、高桥镇、上新集镇、二程镇、城关镇、杏花乡、永佳河镇、七里坪镇、华家河镇、火连畈茶场共 12 个乡镇场现辖行政区域。

产业化发展现状：红安县依托红色文化旅游资源，充分挖掘红安大布的历史文化内涵，使其以独特的制作技艺生产出的手工制品声名鹊起，越来越受到广大消费者的喜爱。2009 年，红安大布被列为湖北省第二批非物质文化遗产名录。2010 年，红安的大布传统纺织技艺项目亮相上海世博会“中国元素活动区”。2012 年，获得中国合作经济年度成就奖——“中国具有影响力合作社产品品牌”荣誉称号。红安大布作为省级非物质文化遗产保护项目，是大别山革命老区经济发展的新出路。

红安县有从事红安大布纺织人员 2000 多人，年产红安大布 40 万米，红安大布专业合作社已经辐射全县 86 个村，带动农户 1700 余户，投入 1000 余台古老木质织布机进行生产加工，年产值达 4000 余万元。织布妇女和从事红安大布产业的劳务人员逾 2 万人，常年织布社员人均年纯收入 8000 元以上。

十二、永河皮子

产品概述：永河皮子，湖北省红安县特产，中国国家地理标志产品。2014 年 9 月 2 日，国家质检总局批准对“永河皮子”实施地理标志产品保护。

资料来源：中国乡村振兴网。

产品特点：永河皮子色泽为白色或淡黄色，质地细腻滑嫩、组织密实、厚薄均匀，稍有韧性，不黏手，口感醇香。具有薄、嫩、韧、鲜等特色。

历史渊源：清朝宣统元年（1909 年），《黄安乡土志》就对黄豆制品加工有记载：“黄豆以作豆腐、豆豉、豆油。”1992 年，《红安县志》红安名菜点中记载：“永河皮子，永佳河镇加工的豆制品，质地细腻洁白，薄而有韧性，折而不断。烹之，味鲜美。”

保护范围：永河皮子产地范围为湖北省红安县永佳河镇现辖行政区域。

产业化发展现状：湖北省红安县永佳河镇有永河皮子龙头企业 3 家，加工作坊 120 多家，其中日产 500 公斤以上的加工厂 8 家，整个永佳河镇皮子年生产能力 200 万公斤，总产值 2000 万元。永河皮子已行销至黄石、沙市、武汉、北京等 10 多个大中城市。在做大做强“皮子经济”的同时，也带动了大豆种植业，用豆渣养猪、养鱼等养殖业。兴起了“豆+猪”生产模式，促进循环农业发展。利用豆渣养猪，又用猪粪作肥种植大豆，循环利用，节省成本，促进增效。据统计，全镇“豆+猪”模式共 28 户，带动了 800 多名农民在“家门口”打工。

十三、木子店老米酒

产品概述：木子店老米酒，湖北省麻城市特产，中国国家地理标志产品。2011 年 7 月 5 日，国家质检总局批准对“木子店老米酒”实施地理标志产品保护。

产品特点：木子店老米酒色泽清亮，味道醇甜，质浓而不伤脾胃，含有多种氨基酸和维生素。

资料来源：澎湃新闻。

历史渊源：周朝，木子店镇就有饮老米酒的记载，至今已有3000多年历史；北宋，苏轼在黄州为官时，好饮老米酒，留下了“定慧海棠香千里，东山米酒进万家”的诗词；明代，李贽赞誉木子店老米酒“聚龟峰之灵气，吸巴水之精华，承上天之甘露，师杜康之工艺”；梅之焕曾对木子店老米酒发出“酒香飘千里，东山户户春”的赞叹。

保护范围：木子店老米酒（东山老米酒、东木老米酒）产地范围为湖北省麻城市木子店镇、张家畈镇2个镇现辖行政区域。

产业化发展现状：经过千百年的发展，木子店老米酒仍处于“养在深闺人未识”的待开发阶段。尽管木子店镇15000余户当地居民家家都会酿造老米酒，但产量始终不高。据统计，已经注册的正规企业仅有5家，且规模不大，产量也不高。2015年3家龙头企业（湖北金盘酒业有限公司、麻城市木子店东义洲酒业食品有限公司、巴水源酒业）年产老米酒250万公斤，总产值5000万元。

十四、麻城夫子河捶鱼面

产品概述：夫子河鱼面，湖北省麻城市特产，中国国家地理标志产品。2014年5月16日，国家质检总局批准对“夫子河鱼面”实施地理标志产品保护。

资料来源：腾讯网。

产品特点：大小均匀，厚薄一致，口感滑嫩，是低胆固醇、纯天然绿色营养食品。

历史渊源：夫子河鱼面又称“捶鱼”。相传是春秋时期，孔子在夫子河讲学时食欲不振，弟子们为了让孔夫子能多进食而研发的食品，已有一千多年的历史。

保护范围：夫子河鱼面（夫子河捶鱼）产地范围为湖北省麻城市夫子河镇、白果镇、龟山镇、盐田河镇共4个乡镇现辖行政区域。

产业化发展现状：夫子河镇有陶寨、付兴、土库、杨畈及蔡河等5个鱼面加工专业村，加工户500余户，其中年加工上5000公斤的有100多户。全镇年产鱼面250万公斤左右，产值过亿元。夫子河镇委、镇政府抢抓市场机遇，积极打造“夫子河鱼面”品牌，使鱼面加工逐渐走上了产业化的道路。夫子河镇生态农业产业园区以鱼面加工企业为龙头，引导当地农户流转土地，集中大面积种植红薯、紫薯；实施标准化养鱼，确保鲜鱼质量，提升鱼面品质。同时，引进资金，对园内一座古老庙宇和“太平寨”农家乐进行整体开发，广种大棚有机蔬菜、新鲜瓜果，开展生态农业观光游。除了生产鱼面，工厂还将生产鱼骨粉、鱼泡、鱼拖附属系列，方便式鱼面、烤炸式袋装速食系列，整条产业链可以带动上游红薯种植、鲜鱼养殖和下游附属产品加工，安排300多名农民工就业，带动489户贫困户脱贫增收。

2013年5月，成功引进麻城本土女企业家萧莉，新建了大型鱼面加工厂——湖北省夫子河萧莉食品有限公司。引进了现代化的食品加工设备，进行规模化生产。2018年该镇鱼面产值翻番，达到1.8亿元。该公司开发出葛粉、紫薯粉等保健鱼面和下游鱼骨粉、速食产品、肉糕等系列，在市场上有了一定的美誉度。

十五、麻城茶油

资料来源：长江严选。

产品概述：麻城茶油，湖北省麻城市特产，中国国家地理标志产品。2010年4月6日，国家质检总局批准对“麻城茶油”实施地理标志产品保护。

产品特点：麻城茶油色泽黄亮、清澈透明，具有油茶籽特有的自然清香和滋味。居植物油之冠，被誉为“油中圣品”“东方橄榄油”。

历史渊源：油茶产业是麻城市的优势特色产业，其栽培历史悠久，文化深厚。早在明清时期，民间就开始种植油茶和食用茶油。2009年，麻城茶油获得湖北省茶油标准化示范项目，通过省级标准化示范区的建设验收。2010年4月6日，国家质检总局批准对“麻城茶油”实施地理标志产品保护。

保护范围：麻城茶油地理标志产品保护范围为湖北省麻城市现辖行政区域。

产业化发展现状：截至 2017 年底，麻城油茶面积已发展到 37.5 万亩，年产茶籽 1.5 万吨，产值超 2 亿元。

麻城福田河镇作为“全国油茶第一镇”，全镇 37 个村中 29 个村、7000 余农户有油茶生产基地，油茶总面积 22 万亩。据统计，2017 年全镇油茶产值超过 5 万元的有 200 多户。油茶生产在度过 4 年无收获期后，到第 8 年进入盛产期，盛产期可达 100 年、投产期可达 200 年，是名副其实的“三农”支柱产业。

第七章

鄂东大别山区域旅游资源开发建议

旅游景点是旅游的载体，旅游文化是旅游的灵魂。特定区域旅游业的高质量发展，一方面取决于特定区域旅游资源及其景点的丰富程度，另一方面取决于其旅游景点资源特别是旅游文化资源的开发水平与开发质量。前者是旅游业高质量发展的基础，后者是旅游业高质量发展的关键，事关旅游产品供给结构、水平、质量。

第一节　鄂东大别山区域旅游资源开发面临的主要问题

一、基本情况

鄂东大别山区域旅游资源非常丰富，有以罗田天堂寨为代表的生态旅游文化资源及景点、以麻城龟峰山为代表的自然景观旅游文化资源及景点、以黄州遗爱湖为代表的风景名胜旅游文化资源及景点、以红安为代表的大别山红色文化旅游资源及景点、以东坡赤壁为代表的历史文化旅游资源及景点、以黄梅四祖和五祖为代表的宗教文化旅游资源及景点。

第一，综合旅游景区、景点开发有序发展。2016—2019 年，鄂东大别山区域综合旅游景点及景区呈增加趋势，但发展缓慢（具体见表 7-1）。其中，2016 年，鄂东大别山区域创建旅游强县 4 个、旅游名镇 3 个、旅游名村 14 个，AAAA 级景区达到 14 家，AAA 级景区发展到 25 家，A 级景区总数达到48家，星级宾馆41家，其中四星级宾馆6家、三星级宾馆28家。[①] 2019年，鄂东大别山区域创建旅游强县4个、旅游名镇4个、旅游名村15个，AAAA级景区达到19家，AAA级景区发展到36家，A级景区总数达到60家，星级宾馆43家，其中四星级宾馆7家、三星级宾馆25家。[②]

表7-1 鄂东大别山区域旅游综合景区、景点情况

项目＼时间	2016年	2017年	2018年	2019年
创建旅游强县（个）	4	4	4	4
创建旅游名镇（个）	3	3	4	4
创建旅游名村（个）	14	14	15	15
AAAA级景区（家）	14	16	17	19
AAA级景区（家）	25	29	32	36
A级景区总数（家）	48	53	56	60
四星级宾馆（家）	6	7	7	7
三星级宾馆（家）	28	23	23	25

资料来源：《黄冈市统计年鉴》（2016—2019）。

从表7-1可以看出，2016—2019年这4年来，鄂东大别山区域在旅游强县开发上没有变化，旅游名镇、旅游名村各只增加1个。AAAA级景区增加5个，增长率36%；AAA级景区增加11个，增长率44%；A级景区增加12个，增长率25%。四星级宾馆只增加1家，三星级宾馆减少3家。

第二，接待游客数量逐年增加。2016年接待游客2039万人次，2017年接待游客2465万人次，2018年接待游客3000.87万人次，2019年接待游客3645万人次。[③] 这4年游客数量呈逐年增加趋势，如图7-1所示。

第三，旅游收入实现逐年增长。2016年实现旅游收入121.60亿元，2017年实现旅游收入151.20亿元，2018年实现旅游收入200.74亿元，

① 《黄冈市统计年鉴》（2016）。
② 《黄冈市统计年鉴》（2019）。
③ 《黄冈市统计年鉴》（2016—2019）。

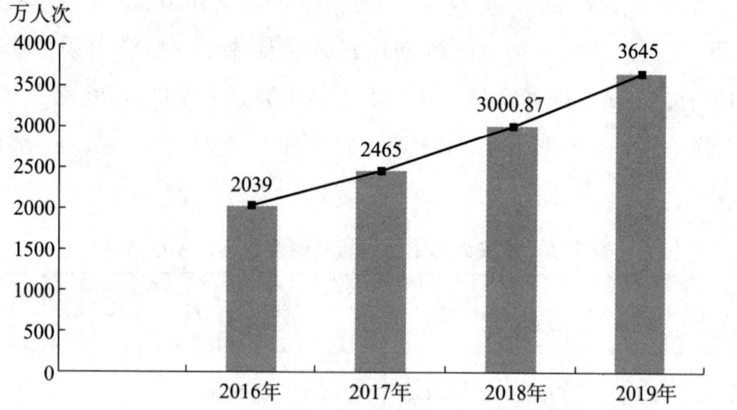

图 7-1　2016—2019 年接待游客数量变化图

2019 年实现旅游收入 254.39 亿元。这 4 年旅游收入呈逐年增长趋势，如图 7-2所示。

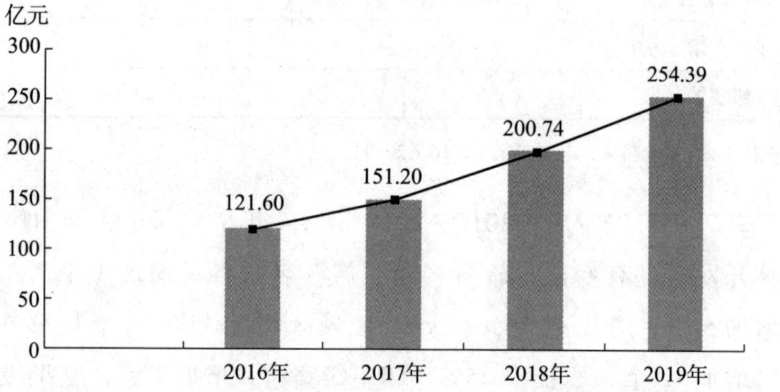

图 7-2　2016—2019 年旅游收入变化图

第四，文化旅游及旅游文化影响力逐年增强。近几年鄂东大别山区域注重“四个大别山”建设，旅游文化的影响力不断提升。自 2011 年开始，以“红色大别山、绿色大别山、发展大别山、富裕大别山”为主题的湖北大别山革命老区经济社会发展试验区建设盛大开启。2015 年 6 月 5 日，国务院正式批复《大别山革命老区振兴发展规划》，大别山区域旅游发展迎来巨大机遇，影响不断扩大。尤其是近 5 年来，围绕旅游产业，鄂东大别山区域以打造“红色旅游”为引领，以“生态绿色”旅游为基础，以挖掘

“历史文化”旅游和乡村文化旅游为突破，在旅游基础设施建设、旅游文化与外宣翻译、经典旅游产品打造、区域美食与国家级地理标志产品推介等方面做了富有成效的工作，极大地提高了鄂东大别山区域旅游文化影响力。

第五，旅游资源总量较大、特色比较鲜明。鄂东大别山区域背依大别山，面临长江，生态环境优越。集山、水、林、温泉于一体，旅游资源总量丰富，类型多样。大别山红色文化是最具影响力的人文资源，刘邓大军千里挺进大别山家喻户晓，远播国际；黄梅四祖寺、五祖寺是禅宗天下祖庭；蕲春是医圣李时珍故里；苏东坡谪居黄州，赤壁“二赋一词”达到其文学巅峰。各类资源中三级以上的旅游资源点共 80 多处，其中特品级旅游资源 5 处（90 分以上），优良级资源 79 处。[①] 旅游资源特色鲜明，可以分为红色旗帜资源、绿色生态资源、蓝色江韵资源、古色人文资源四大类，并且四类资源都有高品质的内容支撑，形成丰富的旅游资源格局。

二、存在的主要问题

鄂东大别山区域经济欠发达，这与旅游业的发展，特别是旅游资源的开发利用不无关系。目前，影响鄂东大别山区域旅游业发展的原因有很多，就其旅游景点开发而言，以下几个方面的问题值得我们研究：

第一，旅游景点的文化挖掘不力、外宣翻译滞后。一是旅游产品和市场开发仍处于供给水平不高的初级阶段，没有充分挖掘景点丰富的文化内涵。旅游产品以观光型为主，缺乏文化内涵，开发思路也以观光型为主导，缺乏文化思考，景点的文化内涵提炼层次低、品位不够、文化底蕴缺乏。二是旅游产品开发创新不足。粗糙的多、精品的少，资源型的多、文化提升型的少，模仿的多、个性化产品开发的少。三是已有的文化宣传方式落后、宣传力度不够、宣传标识不科学。四是景点的名称、标识、说明、历史文化资料、旅游线路、视频播放、旅游产品宣传手册等要么没有翻译文字，要么翻译水平太低，更没有多语种翻译。根据对鄂东大别山区域黄州区境内的遗爱湖、东坡赤壁、齐安湖生态农庄、陈潭秋故居纪念

① 见《黄冈市旅游业发展“十三五”规划》。

馆、李四光纪念馆、黄州安国寺、黄州太平寺等七大景点调查发现，其外宣翻译确实很滞后（具体见表 7-2）。

第二，旅游景点的基础设施建设还不能够满足开发需要，公共服务体系建设相对比较滞后。这方面问题主要表现在旅游景区、景点公路建设水平、质量不能够满足发展需要；景区旅游、景点宾馆饭店数量不足、条件差，特别是有的农家乐小酒店的饮食条件、安全条件、卫生条件、服务条件等都不能够满足游客要求；部分景区酒店通信不够顺畅，不少重要景区缺乏现代通信设施，进入旅游区内的游客与外界联系较为困难；不少景区、景点的标志、说明及相关安全配套设施不全、路线不清。

表 7-2　黄州区内七大景点外宣翻译情况统计表

项目 景点名称	景点名称、指示牌标识、景点介绍、展馆展厅等有无外宣翻译	视频播放外宣情况	旅游产品宣传手册外宣情况	2 种语言及以上语言外宣情况
遗爱湖	有	有	有	无
东坡赤壁	有	有	有	无
齐安湖生态农庄	无	无	无	无
陈潭秋故居纪念馆	有	无	无	无
李四光纪念馆	有	无	无	无
黄州安国寺	无	无	无	无
黄州太平寺	无	无	无	无

资料来源：实地调查处理分析。

根据 2019 年 6 月对外宣翻译相对来说比较好的遗爱湖风景区考察结果看，总体情况一般：

第一，在对遗爱湖 12 个景点（遗爱清风、临皋春晓、东坡问稼、一蓑烟雨、琴岛望月、红梅傲雪、幽兰芳径、江柳摇村、大洲竹影、水韵荷香、霜叶松风、平湖归雁）调查中发现：12 个景点游览引导及游园总引导均有外宣翻译（100%），沿路的指示路标均有外宣翻译（100%），路边垃圾桶、警示语、提示语均有外宣翻译（100%），草地上摆放的石头宣传文字、路桥名称、标有地名的石碑等都没有外宣翻译，景区中的花草树木以及岩石宣传介绍文字等都没有外宣翻译，景区中关于苏东坡、屈原、杜牧等名人的介绍均无外宣翻译，景点“寒食林”的所有石头上的东坡诗词都只有中文没有英文。

第二，在对遗爱湖的六大展馆外宣翻译情况调查中发现：紫竹馆，关于前言、结束语、竹子的作用及来源均有翻译，但关于竹子的品种介绍都只有中文没有英文；红梅馆，前言、结束语、识梅、品梅有英文翻译，但关于梅花的品种及历史介绍均无英文翻译；爱莲馆，前言、结束语都有英文翻译，但莲花的起源、种类均无英文翻译；幽兰馆，前言、结束语都有英文翻译，但兰花的品种介绍无英文翻译；芸香阁，前言、结束语、参观须知均无英文翻译；苏东坡纪念馆，此馆为外宣翻译最全的馆，除了参观须知无外宣翻译外，其他的包括前言、结束语、展览品介绍均有外宣翻译。

第三，旅游资源开发与融合发展不够。一是与相关产业融合发展不够。例如，没有实现景点开发与城镇化、工业化和商贸业融合发展，旅游景点开发孤立无援，没有与建设美丽宜居村庄、旅游小镇、风情县城等有机联系起来；没有推动旅游景点开发与农业、林业、水利融合发展，没有很好利用鄂东大别山区域有利条件将景点开发与发展观光农业、休闲农业、生态农业等有机融合，打造一、二、三产业融合发展的美丽休闲乡村。二是与域内、域外融合发展不够。旅游业应该是一个开放性产业，但受地方利益和行业利益的影响，长期以来旅游市场开发形成了各种形式的保护性壁垒。例如，有的景点不仅不与区域外进行有效融合，就是在区域内也相互设卡、恶性竞争。

第四，旅游产品开发品质不高，有效供给不足。尽管鄂东大别山区域旅游资源十分丰富，但由于产品有效供给不足、品种不优，大多景点名气不大，可进入性差。旅游资源的开发还没有完全走出初级无序阶段，没有开发出有针对性的名牌旅游产品。“只求规模，不求质量”，旅游业仍然处于低质量、低收入的粗放型经营状态。

第五，旅游业管理水平有限、旅游产业素质不高。一是旅游市场秩序不规范，体制机制不完善；二是旅游管理条块分割、各自为政，分散经营，缺乏统一、协调机制；三是旅游景区、景点卫生、秩序较差，环境缺乏有效的治理。

第六，综合服务水平不高，服务能力不强。一是缺乏优质服务。景点不能够为游客提供超值服务、特色服务、金钥匙服务等优质服务，吸引力和竞争力不足。二是外宣翻译与应用水平差。主要表现在景点严重缺乏外宣翻译，而且现有的外宣翻译水平不高、错误较多。根据对吴家山风景区中的南武当、天堂寨主峰等几个景点的外宣翻译调查情况看，50%以上的外宣翻译不正确或不准确。三是景点（包括景区宾馆酒店）服务人员文化素质不高、业务能力不强。

旅游业是一个服务性产业，旅游是人们对美好生活向往的一部分，要增强鄂东大别山区域旅游景点的竞争力，发展经济、增加就业和满足人民日益增长的美好生活需要，促进乡村振兴，不仅要培养一批懂业务、素质高的旅游管理服务人才，还要通过挖掘旅游文化资源、提升旅游产品质量，提高旅游产品的有效供给，才能够让旅游业成为鄂东大别山区域乡村振兴的支柱产业。

第二节　鄂东大别山区域旅游业高质量发展对策

一、政策依据

（一）十九大报告

党的十九大报告明确提出要实施乡村振兴战略，并且指出我国经济已由高速增长阶段转向高质量发展阶段。

2017 年 10 月 18 日，习近平在十九大报告中指出："坚持新发展理念。发展是解决我国一切问题的基础和关键，发展必须是科学发展，必须坚定不移贯彻创新、协调、绿色、开放、共享的新发展理念。"乡村旅游发展也必须坚持新发展理念，开发利用鄂东大别山区域丰富的旅游资源，发展旅游产业是促进当地经济社会发展的重要途径之一。"我国经济已由高速增长阶段转向高质量发展阶段，正处在转变发展方式、优化经济结构、转换增长动力的攻坚期。"旅游业的发展也应该从粗放型的传统发展方式转到高质量的发展方式上来。

“实施乡村振兴战略。农业、农村、农民问题是关系国计民生的根本性问题，必须始终把解决好‘三农’问题作为全党工作重中之重。要坚持农业农村优先发展，按照产业兴旺、生态宜居、乡风文明、治理有效、生活富裕的总要求，建立健全城乡融合发展体制机制和政策体系，加快推进农业农村现代化……促进农村一、二、三产业融合发展，支持和鼓励农民就业创业，拓宽增收渠道。”可见，因地制宜地开发旅游产品、发展旅游产业是实施乡村振兴战略、拓展农民增收渠道的重要途径。

“我们要建设的现代化是人与自然和谐共生的现代化，既要创造更多物质财富和精神财富以满足人民日益增长的美好生活需要，也要提供更多优质生态产品以满足人民日益增长的优美生态环境需要。必须坚持节约优先、保护优先、自然恢复为主的方针，形成节约资源和保护环境的空间格局、产业结构、生产方式、生活方式，还自然以宁静、和谐、美丽。”鄂东大别山区域国家级地理标志产品较多，具有巨大的开发价值，将国家级地理标志产品有效融入旅游文化产品当中，市场潜力较大。

（二）《中共中央　国务院关于实施乡村振兴战略的意见》

2018年1月2日，《中共中央　国务院关于实施乡村振兴战略的意见》明确提出：“实施质量兴农战略。制定和实施国家质量兴农战略规划，建立健全质量兴农评价体系、政策体系、工作体系和考核体系。深入推进农业绿色化、优质化、特色化、品牌化，调整优化农业生产力布局，推动农业由增产导向转向提质导向。推进特色农产品优势区创建……培育农产品品牌，保护地理标志农产品，打造一村一品、一县一业发展新格局。”

同时提出：“增加农业生态产品和服务供给。正确处理开发与保护的关系，运用现代科技和管理手段，将乡村生态优势转化为发展生态经济的优势，提供更多更好的绿色生态产品和服务，促进生态和经济良性循环……积极开发观光农业、游憩休闲、健康养生、生态教育等服务。创建一批特色生态旅游示范村镇和精品线路，打造绿色生态环保的乡村生态旅游产业链。”

“传承发展提升农村优秀传统文化。立足乡村文明，吸取城市文明及外来文化优秀成果，在保护传承的基础上，创造性转化、创新性发展，不断赋予时代内涵、丰富表现形式。切实保护好优秀农耕文化遗产，推动优秀农耕文化遗产合理适度利用。深入挖掘农耕文化蕴含的优秀思想观念、人文精神、道德规范……划定乡村建设的历史文化保护线，保护好文物古迹、传统村落、民族村寨、传统建筑、农业遗迹、灌溉工程遗产。支持农村地区优秀戏曲曲艺、少数民族文化、民间文化等传承发展。”

（三）《乡村振兴战略规划》

中央农村工作领导小组办公室制定的《乡村振兴战略规划（2018—2022年）》（2018年5月31日）提出：“顺应村庄发展规律和演变趋势，根据不同村庄的发展现状、区位条件、资源禀赋等，按照集聚提升、融入城镇、特色保护、搬迁撤并的思路，分类推进乡村振兴，不搞一刀切。”

要求建立特色保护类村庄：“历史文化名村、传统村落、少数民族特色村寨、特色景观旅游名村等自然历史文化特色资源丰富的村庄，是彰显和传承中华优秀传统文化的重要载体。统筹保护、利用与发展的关系，努力保持村庄的完整性、真实性和延续性。切实保护村庄的传统选址、格局、风貌以及自然和田园景观等整体空间形态与环境，全面保护文物古迹、历史建筑、传统民居等传统建筑。合理利用村庄特色资源，发展乡村旅游和特色产业，形成特色资源保护与村庄发展的良性互促机制。”

（四）《国务院办公厅关于促进全域旅游发展的指导意见》

2018年3月出台的《国务院办公厅关于促进全域旅游发展的指导意见》（国办发〔2018〕15号）明确指出：“旅游是发展经济、增加就业和满足人民日益增长的美好生活需要的有效手段，旅游业是提高人民生活水平的重要产业。”并指出：“近年来，我国旅游经济快速增长，产业格局日趋完善，市场规模品质同步提升，旅游业已成为国民经济的战略性支柱产业。但是，随着大众旅游时代到来，我国旅游有效供给不足、市场秩序不规范、体制机制不完善等问题日益凸显。”同时，提出了促进全域旅游的指导思想和基本原则、主要目标。

指导思想：全面贯彻党的十九大精神，以习近平新时代中国特色社会主义思想为指导，认真落实党中央、国务院决策部署，统筹推进“五位一体”总体布局和协调推进“四个全面”战略布局，牢固树立和贯彻落实新发展理念，加快旅游供给侧结构性改革，着力推动旅游业从门票经济向产业经济转变，从粗放低效方式向精细高效方式转变，从封闭的旅游自循环向开放的“旅游+”转变，从企业单打独享向社会共建共享转变，从景区内部管理向全面依法治理转变，从部门行为向政府统筹推进转变，从单一景点景区建设向综合目的地服务转变。

基本原则：(1) 统筹协调，融合发展。把促进全域旅游发展作为推动经济社会发展的重要抓手，从区域发展全局出发，统一规划，整合资源，凝聚全域旅游发展新合力。大力推进“旅游+”，促进产业融合、产城融合，全面增强旅游发展新功能，使发展成果惠及各方，构建全域旅游共建共享新格局。(2) 因地制宜，绿色发展。注重产品、设施与项目的特色，不搞一个模式，防止千城一面、千村一面、千景一面，推行各具特色、差异化推进的全域旅游发展新方式。牢固树立绿水青山就是金山银山理念，坚持保护优先，合理有序开发，防止破坏环境，摒弃盲目开发，实现经济效益、社会效益、生态效益相互促进、共同提升。(3) 改革创新，示范引导。突出目标导向和问题导向，努力破除制约旅游发展的瓶颈与障碍，不断完善全域旅游发展的体制机制、政策措施、产业体系。开展全域旅游示范区创建工作，打造全域旅游发展典型，形成可借鉴可推广的经验，树立全域旅游发展新标杆。

主要目标：(1) 旅游发展全域化。推进全域统筹规划、全域合理布局、全域服务提升、全域系统营销，构建良好自然生态环境、人文社会环境和放心旅游消费环境，实现全域宜居宜业宜游。(2) 旅游供给品质化。加大旅游产业融合开放力度，提升科技水平、文化内涵、绿色含量，增加创意产品、体验产品、定制产品，发展融合新业态，提供更多精细化、差异化旅游产品和更加舒心、放心的旅游服务，增加有效供给。(3) 旅游治理规范化。加强组织领导，增强全社会参与意识，建立各部门联动、全社会参与的旅游综合协调机制。坚持依法治旅，创新管理机制，提升治理效能，形成综合产业综合抓的局面。(4) 旅游效益最大化。把旅游业作为经济社会发展的重要支撑，发挥旅游“一业兴百业”的带动作用，促进传统产业提档升级，孵化一批新产业、新业态，不断提高旅游对经济和就业的综合贡献水平。

（五）《黄冈市人民政府关于支持黄冈市地标优品“五进一出”工程若干政策的通知》

黄冈市政府2018年10月25日出台《黄冈市人民政府关于支持黄冈市地标优品“五进一出”工程若干政策的通知》（黄政发〔2018〕19号），明确规定，支持地标优品“五进一出”工程，即进餐桌、进商超、进展会、进网站、进景区，对外出口，简称“五进一出”，明确了许多具体的支持措施。

（六）《黄冈市旅游业发展“十三五”规划》

《黄冈市旅游业发展“十三五”规划》确定了鄂东大别山区域旅游业发展的目标定位及发展战略。

目标定位：“凭借鄂东门户、大别山枢纽及武汉同城化的区位交通优势，依托江山如画、名人辈出的优势旅游资源，构建起‘大江（长江）大山（大别山）’的旅游产业格局。将黄冈建设成为国内标志性的红色旅游高地，国内著名的生态旅游目的地和资源节约型、环境友好型社会示范区，国际知名的禅修本草养生地和产业集聚区，华中地区最大的漂流基地，国内知名研学旅游点，康养休闲旅游目的地，成为华中地区、长江中游的首屈一指的休闲度假胜地。”提出“旅游业成为全面建设小康社会的战略性支柱产业”“建成大别山革命老区国家级旅游扶贫示范区”。

（七）《大别山革命老区振兴发展规划》

2015年6月5日，经李克强总理签批，国务院批复同意《大别山革命老区振兴发展规划》（以下简称《规划》）。《规划》立足当前、着眼长远，明确了大别山革命老区振兴发展的指导思想和基本原则，提出了欠发达地区科学发展示范区、全国重要的粮食和特色农产品生产加工基地、长江和淮河中下游地区重要的生态安全屏障、全国重要的旅游目的地的战略定位。

《规划》明确了七个方面的重点任务。一是发展现代农业。发挥丰富的农林资源优势，着力发展特色农林产品。二是促进产业结构优化升级。

着眼于构建现代产业体系，大力发展旅游业。三是优化城乡建设布局。培育壮大一批区域性中心城市，支持条件较好的县域和重点镇加快发展。四是推进基础设施建设。围绕增强区域发展支撑能力，积极推进区域内重大基础设施建设，加快形成现代化基础设施体系。五是加强生态建设和环境保护。着眼于构建长江和淮河中下游地区的生态屏障，积极开展重要生态保护区、水源涵养区、江河源头区生态自然修复和预防保护。六是完善基本公共服务。七是加快重点领域改革。在城乡发展一体化、扶贫开发、投融资、生态文明建设、开放合作等重点领域体制机制改革方面开展积极探索。

黄冈作为大别山试验区的核心地区，旅游资源富集，发展潜力巨大，发展旅游业对于推进大别山区域合作、武汉城市圈协同发展、大别山革命老区整体经济发展意义重大。

二、改革发展对策

实现鄂东大别山旅游业高质量发展，要充分挖掘旅游文化之魂，打造富含文化意蕴的旅游产品，并通过改善供给水平，满足和拉动市场需求。为了更好地实现以供给拉动需求的目的，必须彻底扭转“资源导向”的传统惯性，积极适应旅游消费规律变化，提高旅游产品对市场需求的满足程度；必须突出文化和特色，不仅要体现在旅游景区的开发建设上，也要体现在旅游各产业要素上，还要反映在旅游线路设计和宣传促销上，以不断提升的旅游产品供给，进一步满足和拉动旅游市场的需求。

（一）推进实施“文化+”行动，提升旅游产品质量

牢记“景点是载体、产品是形式、文化是灵魂”的观念，把文化的传承与发展摆在旅游开发的突出位置，科学地做好历史文物、各大遗址的保护、整理、开发创新工作，做好文化创新文章，深入挖掘历史文化底蕴，有效跟进外宣翻译。

第一，以简洁的文字提炼鄂东大别山区域旅游文化形象，宣传揭示旅游文化内涵。文化要入脑、入心，要实现“文化+”旅游模式，首先必须提炼旅游文化、宣传旅游文化。而文化的宣传就要依赖于言简意赅的文

字，同时要配备准确的外宣翻译。例如，《黄冈市旅游业发展“十三五”规划》总结出的鄂东大别山区域旅游营销推广及区域旅游形象定位的宣传语就比较有内涵，可以在此基础上进一步提炼，使其文化特色进一步彰显。

鄂东大别山区域整体：多情大别山，风流看黄冈；

黄州区：千年古城，文峰黄州；

团风县：传奇团风，智美家园；

红安县：将军故里，传奇红安；

麻城市：大别花乡，孝善麻城；

罗田县：千里大别山，美景在罗田；

英山县：中国好空气，英山森呼吸；

浠水县：一多故里，秀美浠水；

蕲春县：大爱李时珍，养生到蕲春；

黄梅县：千年禅宗传天下，一曲黄梅唱古今；

武穴市：禅宗之源，四祖故里。

第二，以文化为魂，充分挖掘现有各个景点的文化内涵；以文化为引领，提高现有旅游产品的供给水平与质量。鄂东大别山区域现有景点较多，但是精品太少，可以以现有景点为依托，赋予其文化内涵，积极打造旅游精品。

以“悠闲的生活文化”为核心，积极打造悠闲生活文化旅游产品，重点展示“大别山的悠闲、乡野生活”“英山云雾茶”“龟山红杜鹃”“罗田梯田和红叶”等文化产品。

以“革命的红色文化”为核心，积极打造红色文化旅游产品，重点展现“黄麻起义”“刘邓大军千里跃进大别山”“将军县红安”“鄂豫皖苏区”“李先念故居”“林氏三兄弟”等文化产品。

以“郁葱的生态文化”为核心，积极打造生态旅游产品，重点展现鄂东大别山区域的国家级地理标志产品，展现罗田、英山和浠水生态和乡村旅游，龙感湖、遗爱湖湿地旅游产品。

以“悠久的历史文化”为核心，积极打造历史文化旅游产品，重点展现千年黄州（文峰、赤壁、禹王城遗址）、黄州东坡文化、团风名人文化、黄梅禅宗文化、鄂东名人文化（苏东坡、毕昇、李时珍、余三胜、闻一多、李四光、熊十力）、红安“三雕精品”吴氏祠及影视体验、麻城寻根移民文化等。

以“益寿延年的养生文化”为核心，积极打造中医药旅游产品、休闲养生旅游产品，重点打造蕲春李时珍、罗田万密斋养生、英山—罗田温泉、大别山森林避暑度假、大别山峡谷休闲度假、文化特色小镇度假等旅游文化产品。

第三，深入了解、研究、开发地域特色文化资源，打造个性鲜明的主题景点。主题景点与一般景点不同，一般景点也要有文化内涵这个魂，但它是在“景”中体现“文化”，在“文化”中体现“景”的深度与内涵；主题景点则是以某种独一无二的“文化”为主题，并通过一定的载体“景”将其表现出来，它是在“文化”中看“景”，在“景”中体现“文化”的属性与内涵。

要打造主题景点，必须深入了解和研究区域文化，摸清家底，并分门别类地以图片、录音、录影、书籍、杂志等形式对各种物质文化遗产和非物质文化遗产进行整理和挖掘，建立完整的文化资源库。同时必须对文化旅游资源的价值进行评估。“多情大别山，风流看黄冈”，鄂东大别山区域有很多地方文化旅游资源，各地往往引以为豪。但是，它们有的是遗迹（如黄州禹王遗迹），有的是遗址（如黄冈赤壁），有的是传说（如龙感湖的“古雷池”），有的是风情（如罗田、麻城等民歌），有的是民间工艺（如黄梅的“挑花”），有的是国家级地理标志产品（如蕲春的“蕲艾”），以上这些往往具有“小、散、虚”的弱点。因此，必须以文化馆、博物馆或主题公园、风情村等形式将有关联的文化资源集聚到一起，形成个性十足的旅游景点和旅游目的地。

（二）加强旅游公共服务体系建设，提升综合服务水平

旅游文化资源开发、旅游产品供给水平的提高、旅游竞争力的提升等都与旅游区域的公共服务体系建设密切相关。

第一，建设高效有序的旅游集散中心体系。旅游集散中心是一个有机的体系，不是建设几个大的宾馆或客运站，而是根据游客数量、质量等情

况集旅游、客运、商业、酒店等多行业于一体的统一协调体系，是以实体形式存在的旅游相关产业集成系统。旅游集散中心的高效运行有助于维持旅游供应链从上到下的正常运转。《黄冈市旅游业发展“十三五”规划》提出的以“一主、两辅、多点为重点，构筑市—县市区—重点旅游景区三级旅游集散中心服务体系”的建设思路是可行的，关键是要在政府的统一部署下，坚持政府引导，走企业化经营的道路，实行全面质量管理模式，才能以最经济的方式实现旅游市场资源的优化配置，让旅客享受到满意的服务。

第二，建设区域旅游大数据及高效有序的旅游信息咨询服务体系。通过信息服务网络平台、信息咨询实体场所、旅游导向指示系统，实现鄂东大别山区域旅游信息咨询服务体系全过程、常更新、易获取和“互联网+”的特点。这就要求建设信息服务网络平台，推进智慧旅游多维运营，用好“互联网+”，完善旅游 App、微网站、百度直达号等功能，提供景区查询、交通路况、住宿餐饮、娱乐休闲等查询和提醒服务。建设全域旅游大数据，建设包括吃、住、行、游、购、娱等方面内容的旅游门户网站，并提供相关资料供游客自行下载，同时提供门票、酒店的预订功能，开通官方微信、微博并定期推送旅游活动及主题游活动。

第三，建设高效的信息咨询实体场所，完善旅游景点、景区及道路交通标志标牌和外宣翻译服务系统。要在一、二级旅游信息咨询中心配置专有的工作人员及信息架等设施，在三级旅游咨询中心、星级宾馆及高速服务区实行临时或移动性旅游咨询信息亭，并配置适量信息架，定期更新相关旅游信息，避免闲置浪费。在实体场所摆放景区、景点指南，摆放全域旅游交通图，在各交通枢纽、景区和旅游集散地配置志愿者队伍，为游客提供讲解、指路、拍照等服务，创造良好的旅游环境。要健全重要旅游线路的交通标识系统及外宣翻译，规范酒店、景区、度假区等旅游点标识及外宣翻译，完善旅游导览标牌系统，确保文字及外宣翻译准确简洁，信息全面周到。

第四，建设高效的旅游交通便捷服务体系。通过构建绿道慢行系统和自驾服务体系，实现全域旅游交通直通型、体验化，构筑“全域大环贯通、县区中环畅行、景区小环连接”的三级旅游交通便捷服务体系。做好主要旅游景区与交通干线的连通和衔接，提升通景公路的安全性和引导性。

第五，建设高效有序的旅游安全保障服务体系。旅游安全是衡量一个旅游景点或景区服务水平与服务质量的重要标准，也是旅游有效供给的重要条件之一。各景点、景区要设立专门的旅游安全保护机构，配置专职救护人员，从吃、住、行到游、购、娱均要实现安全旅游、诚信旅游。完善旅游应急预案报备制度，在重要景区、景点试点实时交通流量监控系统，发布实时路况、停车泊位、行程时间等资讯，建设气象预报与预警服务系统，及时发布气象预报信息。

（三）推进旅游产业深度融合，优化旅游产品供给结构

《国务院办公厅关于促进全域旅游发展的指导意见》（国办发〔2018〕15 号）明确提出要“推进融合发展，创新产品供给”。旅游产业融合发展主要有三个方面的含义：其一是与区外的融合发展；其二是区内产业融合发展；其三是区域内各县市区之间的协同发展。

第一，推进与区域外相关旅游产业融合发展，形成大别山区域协作格局。大别山区域涉及三省六市，鄂东大别山区域与周边的河南信阳，安徽安庆、六安，湖北随州、孝感市等联系紧密，而这些地方同属大别山革命老区，旅游资源丰富且各有特色。建立与周边三省统一协调的旅游合作组织，通过合作联动机制，指导和引导鄂、豫、皖三省间旅游产业的沟通和协商，可以极大提升旅游产品供给的多样性，优化改进供给结构，满足游客不同需求。

2014 年 9 月，国务院发布《关于依托黄金水道 推动长江经济带发展的指导意见》及《长江经济带综合立体交通走廊规划（2014—2020 年）》。明确了长江经济带的四项战略定位：具有全球影响力的内河经济带、东中西互动合作的协调发展带、沿海沿江沿边全面推进的对内对外开放带及生态文明建设的先行示范带。鄂东大别山区域作为长江经济带武汉城市群、长江沿线的重要节点城市区，应抓住机遇加快旅游发展，创造宽松的区域旅游合作环境，探索联合开发跨区域旅游线路产品，开展客源市场联合营销，形成“大别山旅游”的强大品牌效应。

第二，推动区域内旅游业与城镇化建设融合发展。鄂东大别山区域原

本属于以农业为主的区域，随着城镇化建设快速发展及美丽乡村建设，出现了一批特色小镇、传统村落。因此，结合城镇化建设，建设美丽宜居村庄、旅游小镇的条件越来越成熟。依托鄂东大别山区域的风景名胜区、历史文化名城、特色镇、传统村落，推进乡村建设与城镇化发展，可以探索名胜、名城、名镇、名村“四名一体”的鄂东大别山旅游发展模式。

第三，推动旅游与文化、农业、工业、服务业等融合发展。鄂东大别山区域地方特色文化旅游资源丰富，有诸如苏东坡、李时珍等历史名人资源，也有东坡诗词文化、闻一多学术文化、禅宗文化、黄梅戏曲文化、蕲春医药文化、科教文化、红安将军文化等，还有四祖寺、五祖寺、安国寺等历史宗教文化，加强旅游机构与文化机构的协作，积极开发本土文化旅游商品，可以丰富文化体验活动，有效延长旅游产业链。旅游与农业的融合应该成为鄂东大别山区域的强项。鄂东大别山区域所在的黄冈市是一个农业大市，特色农产品在全国首屈一指，完全可以围绕旅游产业打造乡村吃、住、行、游、购、娱、养、康、学等综合配套旅游项目，提升休闲农业、乡村旅游服务功能和水平，促进休闲农业与乡村旅游全域大发展态势。同时也可以围绕鄂东大别山区域的特色农产品加工，促进旅游业与工业的融合发展。如蕲春李时珍医药业、罗田金银花茶加工业、麻城菊花加工业、浠水双低油菜加工业等都可以成为游客观光、体验、购物的利好结合点。

（四）培育旅游新业态，提升旅游产业竞争力

旅游新业态是指以旅游为载体，由信息技术革命、产业升级、消费者需求、产业竞争力等原因推动的，基于不同产业间的组合、融合、行业跨界整合等所形成的新型旅游企业形态。鄂东大别山区域具有良好的山水田园资源和生态环境，有着独特的历史文化、红色文化、医药文化、戏剧文化等，具备培育满足消费者不同需求的新业态的良好条件。

第一，可以依托特有的山水风光、丰富的特色农产品资源发展丰富多彩的乡村旅游产品业态。例如，可以打造山水田园特色的“田园综合体”、农耕文化综合体、乡村酒吧等。

第二，可以依托鄂东大别山区域独特的医药文化、戏剧文化、禅宗文

化等打造养生之旅、戏剧之旅、禅修养心之旅等新业态。例如，针对李时珍医药爱好者的需要，提供文化观光、健康体验、本草养生等功能的旅游产品和服务接待设施，为国内外游客提供地道的中华本草养生体验；针对黄梅戏爱好者需要，提供黄梅戏演视听、演唱服务，为游客提供地道的黄梅戏体验；针对游客对黄梅四祖、五祖禅宗文化体验的需要，可以以黄梅五祖寺为依托，与国内最知名的禅宗源流寺庙合作构建“禅宗协作网络”和高峰论坛，共同打造禅修礼佛旅游线路及相关服务产品。

第三，可以依托鄂东大别山区域地形及风光打造大众化新业态、高端化新业态等，再度让游客“千里跃进大别山”。拓展大别山营地，通过打造系列营地，共同建设品牌拓展训练营地。例如，红安亮剑军事体验基地、龟峰山营地、乘马会馆营地、高山铺营地、田镇营地等。可以针对自驾车群体，通过和乡村游产品结合，策划包装一系列挺进大别山汽车营地、自驾车营地；还可以在大别山地区引进滑翔运动、滑雪等探险旅游项目及帐篷、房车等高端休闲旅游项目设施。

（五）实施系统营销，提升旅游产品品牌形象

旅游系统营销是相对于旅游传统营销提出的一个概念，是在旅游系统战略规划和指引下，通过建立强大的营销组织，有成熟的业务模式和多个组织系统的协作和参与，形成全方位的能力，去争夺消费者资源、客户资源和开拓新的市场需求的营销模式，是从旅游产品、服务到品牌竞争，系统化的市场营销管理体系。

第一，要制定系统性的旅游营销规划。坚持以需求为导向，树立系统营销和全面营销理念，明确市场开发和营销战略，加强市场推广部门与生产供给部门的协调沟通，实现产品开发与市场开发无缝对接。要丰富营销内容，进一步提高景点景区、饭店宾馆等场所的旅游宣传推广水平，深入挖掘和展示地区特色，做好商贸活动、科技产业、文化节庆、体育赛事、特色企业、城乡社区、乡风民俗、优良生态等旅游宣传推介，提升旅游整体吸引力。

第二，要实施品牌战略，积极整合资源，组织全域各旅游企业“走出去”和“请进来”，开展市场营销活动。积极参加国内各大旅游博览会、

国际旅游交易会、国际旅游博览会、旅游产品推介会等，树立鄂东大别山区域的旅游形象和品牌。主动邀请著名旅行社考察团、知名媒体人、艺术家、摄影师、微信达人等公众组织和人物走进大别山，参加鄂东大别山区域旅游活动，将鄂东大别山区域的美景和人情带出去，利用其影响力推广宣传鄂东大别山区域旅游。着力塑造特色鲜明的旅游目的地形象，打造主题突出、传播广泛、社会认可度高的旅游目的地品牌，建立多层次、全产业链的品牌体系，提升区域内各类旅游品牌影响力。

第三，要完善营销机制、创新营销方式。建立政府、行业、媒体、公众等共同参与的整体营销机制，整合利用各类宣传营销资源和渠道，建立推广联盟等合作平台，形成上下结合、横向联动、多方参与的全域旅游营销格局。有效运用高层营销、网络营销、公众营销、节庆营销等方式，借助大数据分析加强市场调研，充分运用现代新媒体、新技术和新手段，提高营销精准度。积极开展官方微博、公众微信号、旅游微电影等旅游新媒体营销模式的探索，拓展黄冈旅游网络的知名度与美誉度。充分挖掘黄冈民间文化习俗传统，利用当地的纪念节日、庆贺节日、社交娱乐及生产性节日开展节庆营销活动，将旅游资源与节庆活动有机融合，形成一体化运作的节庆营销链。

（六）完善旅游目的地建设，提升旅游国际化水平

旅游目的地就是能够满足特定游客需求，吸引特定游客参观、游览、感受的地方。同一个旅游景点对于不同的游客而言，其意义价值也有不同。有的游客可能将其列为旅游目的地，而有的游客可能不会将其列为旅游目的地。从这个意义上讲，旅游目的地是一个竞争性概念，要成为游客心中的旅游目的地尤其是国际旅游目的地，就必须加强建设。

第一，要普及旅游景区、景点及旅游产品、文化的外宣翻译，提升外宣翻译质量与水平。目前，尽管鄂东大别山区域旅游资源丰富，文化深厚、环境优美，但是外宣翻译水平没有跟上，导致旅游国际营销比较落后，每年来自国外的游客非常少，严重影响了鄂东大别山区域旅游产品的品牌形象和对外开放水平。因此，必须强化政府部门协同营销，在各级政府外事活动中，进一步加强对鄂东大别山区域旅游形象的推广，加大政府

门户网站英文版的宣传力度。还可以增加鄂东大别山区域旅游国际形象大使数量，邀请在黄冈师范学院的留学生、驻黄冈的外籍人士、访问过鄂东大别山区域的国际游客等担任鄂东大别山区域旅游国际形象大使，宣传推介鄂东大别山区域旅游文化、旅游产品，提高外宣水平。

第二，提升旅游企业的国际化服务水平。抓住每一次有外事活动的接待酒店的服务工作机会，在主要涉外酒店的大堂内摆设多语种的旅游信息查询机、介绍手册，播放中英文版宣传视频，在外籍住客客房内摆放介绍鄂东大别山区域历史文化资料和旅游产品的宣传手册。加强对主要涉外酒店工作人员的外语培训与应用。提升鄂东大别山区域重要酒店的整体国际化服务水平，同时可以在几个四星级酒店试点引进外国实习生（也可以是在黄冈师范学院学习的留学生），填补酒店没有外国工作人员的空白。鼓励主要餐饮场所设立多语种菜单，提升各类特色餐饮门店的国际化接待水平，并向国际游客进行重点推介。搭建美食文化国际交流平台，扩大鄂东大别山区域旅游影响力。

第三，加快提升旅游公共管理国际化水平和旅游辅助设施国际化品质，实现旅游目的地管理国际化。加强政府涉外部门间的合作，注意鄂东大别山区域国际形象的统一宣传。尝试开通外文旅游咨询（投诉）服务热线，为国外游客和市民提供全天候的旅游热线服务。尝试开展与各国领馆在旅游招商引资、旅游投资信息等方面的合作交流。尝试开展与国外相关旅游局的多渠道合作，拓展国际市场。尝试与世界相关旅游城市互聘宣传大使，积极组织开展旅游合作交流项目。

主要参考文献

［1］北京巅峰智业旅游文化创意股份有限公司课题组．图解全域旅游理论与实践［M］．北京：旅游教育出版社，2016.

［2］鲁平．农村生态旅游开发与经营［M］．北京：中国建材工业出版社，2016.

［3］闫红霞．休闲旅游：文化·审美·体验［M］．北京：中央编译出版社，2016.

［4］赖世雄，吴纪维．赖世雄旅游口语从头学［M］．长沙：湖南文艺出版社，2016.

［5］龚鹏．旅游文化［M］．北京：北京理工大学出版社，2016.

［6］曹永玲．中国旅游文化导读［M］．上海：上海交通大学出版社，2016.

［7］李朝军，郑焱．旅游文化学［M］．大连：东北财经大学出版社，2016.

［8］彭璟，项玉枝．旅游资源概论［M］．北京：北京理工大学出版社，2016.

［9］昆明市旅游发展委员会，乡村旅游经营手册［M］．北京：中国旅游出版社，2016.

［10］潘雅芳．浙江休闲度假旅游发展研究［M］．杭州：浙江大学出版社，2016.

［11］梅芊．湖北省旅游产业发展研究［D］．武汉：湖北省社会科学院，2019.

［12］陈勤昌，陈丽军，杨凯．黄冈市县域旅游发展水平综合评价［J］．

黄冈师范学院学报，2018，38（02）：88-92.

[13] 李心，高艳静，叶俊．黄冈市县域旅游经济发展差异研究［J］．农村经济与科技，2017，28（23）：174-177.

[14] 陈丽军，柯珍堂，汪季石．黄冈市红色旅游资源调查、评价与开发研究［J］．湖北农业科学，2012，51（23）：5517-5520.

[15] 柯珍堂．黄冈市生态旅游产业化发展现状及存在的问题探讨［J］．黄冈师范学院学报，2011，31（04）：110-112.

[16] 鲍宏礼，鲁丽荣．大别山区域生态农业建设基本指标及实践研究：以湖北省黄冈市为例（英文）［J］．Agricultural Science & Technology，2017（04）．

[17] 鲍宏礼．黄冈龙感湖管理区小循环经济发展及生态经济学意义分析［J］．湖北农业科学，2012，51（16）：3644-3647，18（04）：740-743.

[18] 张琳玲．武穴市县域旅游产业发展研究［D］．武汉：武汉轻工大学，2015.

[19] 陈少锋．浅谈武穴旅游业发展构想［J］．绿色科技，2014（06）：274-276.

[20] 王庆，汪季石．黄冈市旅游业发展及其在湖北省旅游经济中的地位分析［J］．黄冈师范学院学报，2013，33（04）：101-103.

[21] 李静，郭义．关于搞好外宣翻译的思考［J］．西华大学学报（哲学社会科学版），2016，35（04）：104-107.

[22] 张健．全球化语境下的外宣翻译“变通”策略刍议［J］．外国语言文学，2013，30（01）：19-27.

[23] 鲍晓英．合作原则下的外宣翻译效度的实现［J］．文学界（理论版），2012（08）：92-94.

[24] 卢小军．外宣翻译“译+释”策略探析［J］．上海翻译，2012（02）：40-43.

[25] 王守宏．跨文化语用学视角下的外宣翻译策略研究［D］．上海：上海外国语大学，2012.

[26] 陈小慰．外宣翻译口号译文建构的语用修辞分析［J］．福州大学学报（哲学社会科学版），2007（01）.

[27] 高丰．旅游景点解说翻译中的跨文化意识［J］．读与写（教育教学刊），2018，15（10）：17.

[28] 肖乐．跨文化意识在旅游景点英语翻译中的运用［J］．广西师范大学学报（哲学社会科学版），2008（03）：107-109.

[29] 戴桂玉，蔡祎．认知图式理论关照下旅游文本的生态翻译研究：以广州旅游景点介绍的中译英为例［J］．西安外国语大学学报，2018，26（04）：92-97，107.

[30] 李燕娟，苏文慧．语用翻译视角下旅游景点名称翻译研究：以贵州黔东南云台山为例［J］．农村经济与科技，2016，27（24）：34-35，39.

[31] 童修文．红色旅游景点介绍中文化词汇的翻译探讨：以遵义会议会址为例［J］．四川民族学院学报，2016，25（01）：100-104.

[32] 张姣．英语旅游景点介绍文本的翻译［J］．剑南文学（经典教苑），2013（04）：128.

[33] 肖艳梅．翻译目的论指导下的旅游景点介绍文本的翻译［J］．英语广场（学术研究），2011（Z2）：50-52.

[34] 陈年友．黄冈市国家地理标志产品产业化研究［M］．武汉：武汉出版社，2019.

[35] Munday，Jeremy. Introducing Translation Studies：heories and Applilcations［M］. London and New York：Routledge，2001.

[36] Bassenett S，Lefevere A. Constructing Cultures：Essayson Literary Translation［M］. Shanghai：Shanghai Foreign Language Education Press，2001.

[37] Newmark，Peter. A Textbook of Translation［M］. Shanghai：Shanghai Foreign Language Education Press，2001.

[38] Sperber D.，Wilson D. Relevance：Communication and Cognition［M］. Beijing：Foreign Language Teaching and Research Press，2006.

[39] Swales L.. Genre Analysis：English in Academic and Research Settings［M］. Cambridge：Cambridge Up，1990.

[40] W. wilss. The Science of Translation：Problems and Methods［M］. Shanghai：Shanghai Foreign Language Education Press，2001.

后　记

鄂东大别山是一片闪耀着历史文化光芒的神奇土地，具有浓郁的革命老区情怀，哺育了一代又一代勤劳朴实的鄂东大别山人民。今天他们正在按照党中央、国务院要求全力全面建成小康社会。因地制宜发展旅游业是实施鄂东大别山乡村振兴发展战略，实现乡村高质量发展的重要举措。

这里需要特别说明的是，本书的写作得到了黄冈市委、市政府、黄冈市发改委、黄冈市旅游文化局、黄冈市统计局及黄冈市各县市区的大力支持与帮助。同时，本书在写作过程中还参阅了许多同行学者的研究成果、引用了鄂东大别山区域许多单位的原始材料，在此一并表示诚挚的感谢。

本书由湖北省教育厅哲学社会科学项目（编号 20D098）资助出版。同时本书的出版还得到了黄冈师范学院应用经济学省级重点学科、大别山特色资源开发湖北省协同创新中心及鄂东大别山旅游文化研究湖北省人文社科研究基地的大力支持，它们为本书的出版提供了经费资助。

由于水平有限，书中难免存在一些缺点和不足，真诚地希望得到同行及广大读者的批评与斧正。

孙芳敏

2022 年 1 月于湖北黄冈